公認心理師のための
発達障害入門

黒田美保 ［著］

金子書房

まえがき

　2018 年は，私たち心理学を基盤として対人援助を行っている者にとって，大きなターニングポイントになる年だと考えられます。2018 年 9 月 9 日には，国家資格・公認心理師の第 1 回目の試験が行われ，同年度中に公認心理師第 1 号が誕生します。国家資格ができるということは，心の専門家に対して国民の大きな期待があるということを示しているといえるでしょう。

　しかし現在，心理学の課程をもつ大学のうち，発達障害を教えている大学は少なく，したがって心理士が系統的に発達障害を学ぶことができないのが実状です。一方，発達障害は，その傾向のある人まで含めると，人口の 6 〜 10 ％におよび，臨床場面で心理士が発達障害児者への対応をすることも多いのが現実です。

　こうした現状を踏まえ，本書は，公認心理師が最低限知っておくべき発達障害の知識をコンパクト，かつ，系統的にまとめて提供することを目的として執筆しました。発達障害の概念，関係法令，アセスメント，そして支援方法まで，基本的な知識が包括的に身につくように配置しました。また，これらの知識を総合して用い，臨床での使用についての理解を深めるために，年代別の事例を用意しました。入門書として，最低限の知識にとどめたので，さらに学びたい方は，参考文献やブックガイドを参考に，自分の興味のある分野にアンテナを広げていただければと思います。とはいえ，この本には発達障害の最新の知識を盛り込んであります。日本は今まで，発達障害のアセスメントや支援において，先進国の中で後れをとってきました。現在も決して進んでいるとはいえませんが，各発達障害に対する，ある程度のアセスメント・ツールがそろってきています。そのことを知っていただき，WISC や WAIS のみで発達障害の診断をするような，偏った評価から脱却してほしいとの願いも込めています。支援についても，効果に対するエビデンスのあるものを取りあげています。つまり，アセスメントや支援に関しては，世界標準を目指して執筆しています。

また，本書は発達障害を取りあげたものですが，臨床で働く心理士の方に，発達障害にかぎらず他の精神疾患なども，それぞれの疾患についての多面的知識・アセスメント・支援という，この3つを積み上げていくことが，意味ある支援につながることを知っていただきたいというメッセージも込めています。心理学は，「行動の科学」です。科学的な目をもって臨床を行い，心の専門家として，国民の期待に応えられるようになっていきたいと，自戒を込めてお伝えしたいと思います。

2018年7月

黒田 美保

目次

まえがき　i

第1章　公認心理師として押さえておきたい発達障害の知識　1

1. 発達障害とはなにか？　2

2. 発達障害の種類と概要
  ──自閉スペクトラム症，注意欠如・多動症，限局性学習症，発達性協調運動症　9

3. 発達障害に関する法律　25

4. 合理的配慮とは？　29

第2章　公認心理師として知っておきたい発達障害のアセスメント　33

1. アセスメントとは？　34

2. 発達障害に特化した検査①
  ── ASD のアセスメント　44

3. 発達障害に特化した検査②
  ── ADHD と SLD のアセスメント　55

第3章　公認心理師として実施できる支援方法　61

1. 発達障害のある人をどう支援していくか　62

2. 発達障害の支援方法　70

iii

第**4**章　事例で考えるアセスメントと支援方法　93

1. 保健センターで働く公認心理師だったら
──乳幼児健康診査での発達のチェックやそのフォローアップを担当する場合　94

2. 小学校で巡回相談心理士をしているとしたら
──子どもと直接面接することはないが，行動観察をし，担任教員や保護者に学校や家庭でのより良い対応をアドバイスする場合　99

3. 中学校でスクールカウンセラーをしているとしたら
──登校しぶりのある生徒に発達障害が疑われた場合　103

4. 大学の学生相談室で働く公認心理師だったら
──相談中の学生に発達障害が疑われた場合　107

5. 一般精神科で働く公認心理師だったら
──うつと診断されて通院中の患者さんに発達障害が疑われた場合　112

文献・ホームページ　117

さらに詳しく学びたい人のための　発達障害関連ブックガイド　126

あとがき　130

第1章

公認心理師として押さえておきたい発達障害の知識

この章では，本書の導入として，発達障害に関する基礎的な知識を扱います。支援にあたって重要度の高い法律・制度も，しっかり整理しておきましょう。

1 発達障害とはなにか？

これから学ぶこと

① WHO の定める現在の障害の概念
②発達障害の診断基準の変化
③発達障害の生物学的基盤
④発達障害の実態と心理

1-1-1. そもそも障害とはなにか？

発達障害を考える前に，**障害**とはなにかを考えていきたい。障害とはなに
かを考えるとき，そのコンセンサスの基盤となるのは，**WHO**（World Health
Organization; 世界保健機関）の障害モデルである。これから述べていく，ア
メリカ精神医学会（American Psychiatric Association: APA）が出している診断
基準の **DSM**（*Diagnostic and Statistical Manual of Mental Disorders*; 精神疾患の
診断・統計マニュアル）や，WHO 自体が出している診断基準の **ICD**（*Inter-
national Statistical Classification of Diseases and Related Health Problems*; 疾病及び
関連保健問題の国際統計分類）にも，この障害モデルが色濃く反映されている。
現在の障害モデルは，2001 年に提案された **ICF**（*International Classification of
Functioning, Disability and Health*; 国際生活機能分類）**モデル**である（図 1-1-1）。
これは障害を「心身機能」「活動」「参加」のいずれかに制限がある状態と定義
している。したがって，障害への支援とは，この制限をできるだけ少なくする
ことになる。制限の原因を考え，その軽減を実現するための視点として，環境
因子と個人因子の 2 視点が提案されている。このモデルの優れているところは，
障害を個人の機能的・器質的な問題とするのではなく，環境との相互作用にあ
ると考える点にある。

WHO が 1980 年 に 提 唱 し た **ICIDH**（*International Classification of Impair-
ments, Disabilities and Handicaps*; 国際障害分類）モデル（図 1-1-2）は，機能・

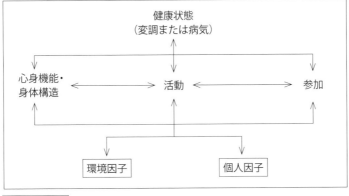

図 1-1-1：ICF の構成要素間の相互作用（文部科学省，2006）

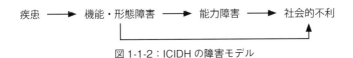

図 1-1-2：ICIDH の障害モデル

形態障害が能力障害を引き起こし，それによって被る社会的不利までを障害と考えた。障害を多面的，構造的に理解する視点を示したこと，それを基にした施策が展開されたこと等，大きな功績を残したが，社会という環境との相互作用という視点が入っておらず，個人の障害軽減が支援の目標となった。それにより，障害のある人は訓練をして，一般の人のようになることを求められたともいえる。これと比べて，現在の ICF モデルは，環境要因を考え，障害が個人に帰属するのではないことを示した点において，画期的だといえる。また，こうした**個人と環境との相互作用**によって障害が生じるという考え方は，後述する合理的配慮の基盤となるものといえる。

病気と障害の違いは，病気は治癒する，つまり，一時的な状態であると定義される一方，障害は治癒しない，つまり，状態が継続するものとして考えられている。ただ，ICF モデルに基づいて考えれば，環境によって障害が障害でなくなる可能性もある。例えば，近視の人は眼鏡がなければ「活動」「参加」において制限を受けるが，眼鏡をかけることで「活動」「参加」に問題がなくなる。つまり，生活上の不自由がなくなれば，それはすでに障害ではないのである。

1-1-2. 発達障害とはなにか？

　この考え方にそって，発達障害についてみていきたい。発達障害とは，生まれつきの**脳の機能的障害**のために，ものの見方や感じ方に偏りが生じ，他者との相互的コミュニケーションが難しくなったり，こだわりや注意の問題，多動，不器用などが生じたりして，その結果，社会適応に困難をきたすことである。もちろん，環境によってその**適応**の程度には差があり，同じ症状があったとしても，環境との相互作用により困難の程度が同じになるわけではない。場合によっては障害の状態にならない可能性もあり，発達障害の症状がありながらも診断のない人ももちろんいる。つまり，環境との相互作用によって，問題が生じなければ診断は必要ないということなのである。

　発達障害の診断は，DSM や ICD に基づいて行われる。DSM や ICD の研究版は，信頼性の高い診断を得るために，実際に観察可能な行動について明確な基準を設けた**操作的診断基準**をとっている。これは，精神科の疾患の多くが原因不明で，エビデンスのある生物学的な指標がなく，症状に基づいて診断をせざる得ないためである。操作的診断基準では，ある精神疾患について，いくつかの行動上の特徴がリストアップされており，そのうちいくつの項目に合致するかによって診断がつけられる。これにより，同一の診断名をもつ群の行動特性や認知特性の一定の均質性が担保されるように意図されている。

　2013 年 5 月に改訂されたアメリカ精神医学会による診断基準 **DSM-5** では，発達障害は「**神経発達症群／神経発達障害群**（Neurodevelopmental Disorders）」と呼ばれるようになった。DSM-IV-TR までは「通常，幼児期，小児期，または青年期に初めて診断される障害」といわれており，DSM-5 で初めて発達障害がきちんと位置づけられたともいえる。この神経発達症群には，知的能力

障害群（Intellectual Disabilities: ID），コミュニケーション症群／コミュニケーション障害群（Communication Disorders），自閉スペクトラム症／自閉症スペクトラム障害（Autism Spectrum Disorder: ASD），注意欠如・多動症／注意欠如・多動性障害（Attention-Deficit /Hyperactivity Disorder: ADHD），限局性学習症／限局性学習障害（Specific Learning Disorder: SLD），運動症群／運動障害群（Motor Disorders）が含まれている。これらの障害は重複して存在することが珍しくない。また，障害と非障害の間の線引きもあいまいであり，症状を連続体（**スペクトラム**）として捉えることが妥当である。つまり，個人の症状は固定的ではなく流動的であり，多様性がある。そして，診断までは至らないがその特徴のある人（**グレーゾーン，診断閾下**）もおり，その人たちも環境によっては適応困難となり障害になりうるということである。また，それぞれの発達障害の診断基準に「これらの症状が，社会的，学業的，または職業的機能を損なわせているまたはその質を低下させているという明確な証拠がある」という項目が設けられており，環境との相互作用の中に不適応が生じていることが診断の要件となっている（APA, 2013）。

1-1-3. 発達障害の生物学的基盤

　発達障害は，脳の機能的・器質的な違いによって生じることは明白であるが，診断のための生物学的マーカーはまだ見出されておらず，したがって診断は行動的基準に基づいてなされている。しかし，現在，発達障害の根本原因の究明と，新たなる診断法や支援方法の開発のために，こうした生物学的基盤についての研究が多く行われている。**遺伝子研究**について考えると，同一の遺伝子型をもつ一卵性双生児の研究から，ASD には遺伝的要因が強いことが示唆されている。これらの研究によると，一卵性双生児における自閉症の一致率は 60 〜 91％の範囲にある。結果の幅が大きい理由の 1 つは，最重度の自閉症のみを対象にした研究から，自閉スペクトラム症全体を考慮した研究までがあるからである。二卵性双生児の場合には，一致率は対照的に，自閉スペクトラム症全体を考慮しても 10 〜 30％にとどまる。こうした研究は，一般に ASD は単一の遺伝子の変異によるものではなく，むしろ多数の遺伝子間で起きる変動により生じることを示している。他の多遺伝子性の障害と同じように，原因とな

る遺伝子群はすべて同じというわけではなく，素因となる遺伝子の大きなプールからいろいろな組み合わせが引き出されることによって生じると考えられている。この多様性が，特定の遺伝子の同定を困難にしてきた。ASDでは遺伝率が高いにもかかわらず，一卵性双生児であっても完全に一致しないことから，環境的要因もまた重要な役割を果していることが示唆される。ただし，生物学的意味の環境的要因とは，親の育て方などの出生後の社会的環境などではなく，両親の高齢，ウィルス感染，子宮内環境などの生まれる前の環境と周産期障害であることに注意が必要である。これまで述べてきたように，ASDは遺伝子研究から，**ヘテロジニアス（heterogeneous）な疾患**と考えられている。現在，ADHDも同じくヘテロジニアスな疾患と考えられており，その発症に決定的に影響を与える単一の遺伝子が同定される可能性は非常に低いと考えられている。

　また，遺伝子研究により，いくつかの神経発達障害は，遺伝的基盤が判明している。例えば，レット症候群（レット障害）は，DSM-IV-TRまでは，広汎性発達障害に分類されていたが，遺伝子の要因が解明され，DSM-5ではASD群からは除外されている。レット症候群とは，主に女児に現れる障害で，誕生から6〜18カ月までは正常な発達をするが，その後退行する。獲得した発話および手のスキルを失い，知能の遅滞も伴う。レット症候群はX染色体連鎖型遺伝病であり，その原因は，MeCP2遺伝子内の変異であることが解明された。

　脳研究も行われているが，やはり研究途上であり，神経病理学の包括的な理解には至っていない。2歳前の自閉症児の**頭囲**がしばしば定型発達よりも大きいという臨床的観察に基づき，皮質の発達に異常が推測されている。脳の発達経過における異常性が自閉症の診断的特徴となることを示唆する研究は増えており，自閉症児の生後2〜3年の脳，そして特に前頭葉の早期発育や，脳体積，特に白質の増大が報告されている。そして，ほとんどの研究では，誕生時の自閉症の脳と成人期の脳はほぼ正常サイズであるとされる。また，磁気共鳴画像法（Magnetic Resonance Imaging: MRI）の研究などによって，ASDでは，大脳皮質（大脳皮質の重要部位は研究によってまちまちである），内側側頭葉の構造体の組織と脳梁に異常が指摘されてきたが，現在までにASDは単一の脳領域に影響する障害とは考えられていない。また，**1-2-1-c**（本書p.16）で述べ

るが，ASD では，「心の理論」の障害や**中枢性統合の弱さ**といった認知仮説と関連して，**脳の活動ネットワーク**の領域を調べた研究も多く，それらが定型発達と異なるという報告も多いが，現在のところ再現性の高い研究はほとんどない（Frith et al., 2012）。ADHD については，脳体積の減少と，後頭葉から前頭葉の皮質の成熟の遅れの可能性を示唆する報告がある。作動記憶・反応抑制などの実行機能が障害されているという仮説に基づいた研究では，前頭葉－線条体ネットワークにおける活性の低下を示す報告が多くある。また，ポジトロン断層撮影（PET）研究からはドーパミン（DA）伝達機能の異常などの知見がみられる（戸所，2013）。

　発展途上ではあるが，発達障害の行動特徴やその基盤となる認知障害に関与する根本的なメカニズムを考える上で，こうした生物学的研究の知見は重要であり，公認心理師としては，こうした研究にもアンテナを張っておく必要がある。

1-1-4. 発達障害の実態と心理

　発達障害は決して稀ではなく，2012 年の全国の学校を対象とした**文部科学省の調査**によると，通常学級に在籍し知的障害がない児童・生徒のうち，学習面で著しい困難を示す者（SLD が推測される）は 4.5%，「不注意」または「多動性－衝動性」の問題を著しく示す者（ADHD が推測される）は 3.1%，「対人関係やこだわり等」の問題を著しく示す者（ASD が推測される）は 1.1% で，重複を除くと合計で 6.5% に上るという結果が示された（文部科学省，2012）。2002 年に実施された同調査の結果では 6.3% となっており，当時「6.3% ショック」と言われ，2007 年から**特別支援教育**が開始されたことは周知のことだろう。この 2 回の調査はほぼ同じ結果を示しており，常に一定の割合の発達障害の子どもが通常学級で学んでいることが推察される（図 1-1-3）。これらは，もちろん診断を受けている子どもばかりの数値ではないし，行動について評価したのも教師であるが，1 名の子どもについてリストされた行動を 2 名の教師で評定し，信頼性は高いと考えられる。また，それぞれの発達障害の種目別の有病率が他の疫学調査の結果ともほぼ合致している。こうした子どもは以前から存在し，その子どもたちが社会に出ているわけで，現在の社会には多くの発

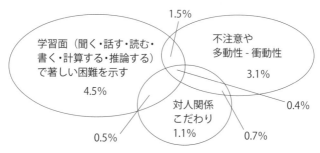

図 1-1-3：知的発達に遅れはないものの，学習面または行動面で著しい困難を示すとされた児童生徒の割合（文部科学省，2012 をもとに作成）

達障害の人が生活していると推察できる。

　発達障害への社会全体の取り組みが進みつつあるが，これにはもちろん，前述のように，発達障害の発生率がかなり高いということが背景にある。それ以外に，成人期について考えてみると，発達障害の概念が浸透するにつれて，今まで不安障害やうつと考えられていた人たちの間に発達障害を背景にもつ人が多くいることがわかってきた。さらに，統合失調症などと誤診されている例も明らかになってきている。つまり，発達障害の特性と環境の相互作用により不適応が生じ，**二次障害**として精神症状が発現しているのである。したがって，彼らは，単に精神症状にアプローチするだけでは改善せず，その基盤にある発達障害への対応が必須なのである。実際に長年，うつで苦しんできた人や統合失調症と診断されて薬物療法を受けていた人が，発達障害への対応をされることで改善した例は多い。児童期・青年期についても，不登校や摂食障害などの背景に発達障害があることも多くみられる。また，ひきこもりといった社会的不適応の人たちにも多くの発達障害者がいることも明らかになってきており，発達障害を念頭においた支援の必要性が認識されるようになってきている。多くの人が抱える発達障害の特性による困難への支援は，当然だろう。同時に，また彼らの能力を生かすことができれば，社会的な利益も大きい。さらに，発達障害の中でも ASD は**早期支援**によって**予後の改善**がみられることが明らかになってきた。したがって，早期に発見し支援をしようという流れが世界的な潮流となっている。日本でも，1 歳 6 カ月児健診や 3 歳児健診で ASD の特性のある子どもを発見し，療育につなげるシステムをとっている地域も増えている。こうした取り組みは，子どもの対人コミュニケーションの苦手の克服に大きく役立ち，将来の二次障害を予防することにつながる。前述のように，発達

障害はスペクトラムであり，障害と診断されなくともその特徴のある子どもへの支援は予防的見地からも重要である。

　今まで述べてきたように，発達障害には診断を受けた人以外にその周辺群の人も多く存在し，1割近いともいわれている。その人たちは，その特徴のために，活動や参加に大きな制限を受けることが多い。具体的にいえば，ASDの人たちは，空気が読めないことで自分の居場所がみつけられなかったり，ADHDの人たちは，その不注意さを叱責されたり，多動について何度も注意を受けたりする。こうした環境は，発達障害の人たちの自尊心を低下させ，自己評価を悪化させる。また，発達障害の子どもを育てている親は，往々にして，「しつけが悪い」「育て方が悪い」と批判されることも多い。親も親としての自信を失っていくことが多くみられる。支援においては，発達障害の人やそのグレーゾーンの人たちの気持ちにそって，問題への具体的な対処法を考えたり，自己理解を促したり，環境を調整することが必要である。また，親の気持ちを受けとめ，親としての自信回復を図っていく必要がある。こうした支援が，発達障害の領域において公認心理師に求められる大きな役割である。

② 発達障害の種類と概要
自閉スペクトラム症，注意欠如・多動症，限局性学習症，発達性協調運動症

これから学ぶこと

①自閉スペクトラム症（ASD）の診断基準と特徴

②注意欠如・多動症（ADHD）の診断基準と特徴

③限局性学習症（SLD）の診断基準と特徴

④発達性協調運動症（DCD）の診断基準と特徴

⑤発達障害の重複

　前節で述べたように，発達障害のグループを示す DSM-5 の「**神経発達症群／神経発達障害群**」には，知的能力障害群（ID），コミュニケーション症群／

コミュニケーション障害群，自閉スペクトラム症／自閉症スペクトラム障害（ASD），注意欠如・多動症／注意欠如・多動性障害（ADHD），限局性学習症／限局性学習障害（SLD），運動症群／運動障害群が含まれている。これらの発達障害には，それぞれの特徴があり，また，重複することも多い。重複があることを念頭において，発達障害の可能性のある人をみていくことが重要である。DSM-5の中から，**自閉スペクトラム症，注意欠如・多動症，限局性学習症，**運動症群の中の**発達性協調運動症**の特徴を述べていく。

1-2-1-a. 自閉スペクトラム症（ASD）の診断基準

自閉スペクトラム症（Autism Spectrum Disorder: ASD）の有病率は，現在，1〜2％といわれ，決して稀な障害ではない。ASDの中核症状である自閉症は，1943年に初めて**カナー**（Kanner, L.）によって「早期幼児自閉症」として報告された。その翌年には，**アスペルガー**（Asperger, H.）によって，知的遅れのない群が報告されている。1981年には，ドイツ語で書かれたアスペルガーの論文を英訳して紹介した**ウィング**（Wing, L.）が，**自閉スペクトラム**という症状の連続体を提唱した。

ASDは，DSM-5では 診断名が広汎性発達障害（Pervasive Developmental Disorders）から**自閉スペクトラム症／自閉症スペクトラム障害**（Autism Spectrum Disorder）へと変更になった。自閉症スペクトラムという用語はウィングが提唱してから20年以上使われているが，この名称が診断基準上で正式の診断名として登場したのは，実はこのDSM-5からである。それまでは，DSM-IV-TR（APA, 2000）およびICD-10（WHO, 1992）では，⑴対人的相互作用の質的障害，⑵コミュニケーションの質的障害，⑶反復的，常同的な行動様式や興味の限局の3領域の主症状があり，かつ**症状の発現が3歳以前で**あれば「**自閉性障害**（Autistic Disorder; DSM-IV）」もしくは「**（小児）自閉症**（Childhood Autism; ICD-10）」と診断した。また，自閉症を代表とする障害群を両基準とも広汎性発達障害とよび，アスペルガー障害（ICD-10ではアスペルガー症候群），特定不能の広汎性発達障害などが含まれていた。このように，DSM-5以前の診断ではASDはカテゴリー概念で捉えられていたのだが，研究により，ASDには自閉症を中核群とする障害の**連続性（スペクトラム）**が示

され（Wing, 1981; 1997），今回の改訂に至っている。これに伴い，DSM-IV での「自閉性障害（Autistic Disorder）」「アスペルガー障害（Asperger Disorder）」「特定不能の広汎性発達障害（Pervasive Developmental Disorder Not Otherwise Specified）」という**下位分類**が廃止された（表 1-2-1 参照）。今までのカテゴリカルな捉え方から症状を連続的に捉えていくという大きな概念の変更が行われたわけで，単に診断名の変更ではないのである。

スペクトラムの概念によれば，ASD は重症から軽症まで連続し，今までの研究で報告されてきた ASD の特性をうすくもつ「**自閉症の広域表現型**（Broader Autism Phenotype: BAP）」へとつらなり，さらには，社会性やこだわりに偏りのある一般の人へとつながっていくわけである（図 1-2-1 参照）。

ASD の診断基準も変更された。変更点は以下の 4 点である。

① DSM-IV-TR では「対人的相互反応」「コミュニケーション」「行動，興味，および活動の限定された反復的で常同的な様式（こだわり）」の 3 領域で診断されていたのが，「**社会的コミュニケーションおよび対人的相互反応**」と「**行動，興味，または活動の限定された反復的な様式（こだわり）**」の 2 領域で診断されるようになった。つまり，DSM-IV-TR まで 2 つに分けられていた対人的相互反応の障害とコミュニケーションの障害が 1 つの領域にまとめられた（表 1-2-1 参照）。

②今までの診断基準には感覚の問題が含まれてこなかったが，DSM-5 で初めて，「**限定された反復的な行動様式（こだわり）**」の領域に感覚刺激に対する過敏さまたは鈍感さの項目が作られた。

③重症度水準による分類が新たに作られた。これは，レベル 1（支援を要する），レベル 2（十分な支援を要する），レベル 3（非常に十分な支援を要する）の 3 段階に分けられ，それぞれの診断領域について重症度を特定することになっている。

④症状の発現時期が DSM-IV-TR では「3 歳以前に始まる」と年齢を明示して基準を示していたが，DSM-5 では「症状は発達早期に存在していなければいけない（しかし社会的要求が能力の限界を超えるまでは症状は完全に明らかにならないかもしれないし，その後の生活で学んだ対応の仕方によって隠されている場合もある）」となり，幅が持たされており，成人期の診断に対応しや

表 1-2-1：DSM-IV-TR と DSM-5 の ASD の診断基準の変化

(黒田，2014 より改変；DSM-Ⅳ-TR および DSM-5, p.49 より作成)

DSM-IV-TR　自閉性障害診断基準	DSM-5　ASD 診断基準
Aから合計６つ以上，うち(1)から２つ以上(2)(3)から各１つ以上	Aの３つおよびBから２つ以上
A(1)対人的相互反応の質的な障害 ａ．対人的相互反応を調節する多彩な言語性行動の使用の著明な障害 ｂ．発達水準に相応した仲間関係を作ることの失敗 ｃ．楽しみ，興味，達成感を人と自発的に共有することの欠如 ｄ．対人的または情緒的相互性の欠如	A．社会的コミュニケーションおよび対人的相互反応における持続的欠陥（現在または過去：持続する） (1)相互の対人的－情緒的関係の欠落 (2)対人的相互反応で非言語的コミュニケーション行動を用いることの欠陥 (3)人間関係を発展させ，維持し，それを理解することの欠陥
A(2)コミュニケーションの質的な障害 ａ．話し言葉の発達の遅れまたは完全な欠如 ｂ．十分会話のある者では，他人と会話を開始し継続する能力の著明な障害 ｃ．常同的で反復的な言語の使用または独特な言語 ｄ．発達水準に相応した，変化に富んだ自発的なごっこ遊びや社会性を持った物まね遊びの欠如	
A(3)行動，興味，および活動の限定された反復的で常同的な様式 ａ．強度または対象において異常なほど，常同的で限定された型の１つまたはいくつかの興味だけに熱中すること ｂ．特定の機能的ではない習慣や儀式にかたくなにこだわる ｃ．常同的で反復的な衒奇的運動 ｄ．物体の一部に持続的に熱中する	B．行動，興味，または活動の限定された反復的な様式（現在または過去） (1)常同的または反復的な運動，物の使用，または会話 (2)同一性への固執，習慣へのかたくななこだわり，言語的・非言語的な儀式的行動 (3)強度または対象において異常なほど，極めて限定され執着する興味 (4)感覚刺激に対する過敏さまたは鈍感さ，または環境の感覚的側面に対する並外れた興味
B．３歳以前に症状が存在	C．発達早期から症状が存在

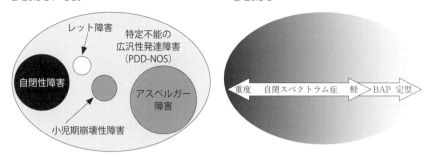

図 1-2-1：広汎性発達障害（DSM-IV-TR）と自閉スペクトラム症（DSM-5）
（黒田，2014 より改変）

すくなっている。DSM-IV-TR と DSM-5 の各領域の項目については，表 1-2-1 にまとめたので参照されたい。また，診断が下されるためには，D 項目「社会的，学業・職業的になんらかの困難が生じていること」すなわち，日常生活における不適応があることが必須となっている。診断基準ではないが，今まで，診断上許されていなかった，注意欠如・多動症（ADHD）の併記が可能となった。これは，ASD に ADHD が多く併存し，併存によって適応が著しく低下することを考えると，非常に有意義な変更といえる。

1-2-1-b. 自閉スペクトラム症の行動特徴

□社会的コミュニケーションおよび対人的相互反応

社会的コミュニケーションおよび対人的相互反応の障害について，まず，社会的コミュニケーションについて考えたい。コミュニケーションは言語性コミュニケーション（話し言葉，書かれた言葉）と非言語性コミュニケーション（姿勢，身ぶり，動作，表情など）に大別されるが，ASD ではいずれにも特徴がみられる。**言語性コミュニケーションの特徴**としては，表出面では，言語発達の遅れ，オウム返し（大人の言った言葉をそのまま繰り返すなど）がみられたり，言語能力の遅れでは説明することのできない相互的な会話の困難さや奇妙さ，話題の偏り，造語，独特の間違いなどが挙げられる。理解面でも，遅れがみられる場合もあるが，遅れでは説明できない，文脈に沿った言葉の理解の

困難，比喩の理解の困難，言外の意味の把握ができないなどがある。**非言語性コミュニケーションの特徴**とは，表出面では，身ぶり・手ぶり，視線，表情の乏しさ，語調や声の大きさの不自然さなどを指す。理解面では，他者の示す視線・表情・身ぶりなどの理解の難しさを指す。

　対人的相互反応の特徴とは，ASD では，年齢や知的水準に見合った対人社会性が身についておらず，相互的な対人交流に障害を生じることを意味する。他者の視点に立って考えることの不全がある。すなわち，自分の行動が他者からどう見られているかを認識できず，社会的文脈の把握が難しく，集団における他者との距離や他者との違いを感じ取る能力も乏しい。そして，年齢相応の対等で相互的な友人関係を築くことが困難である。こうした能力の不全は，結果的に，相手の感情を損ねるような行動や社会性に乏しい行動をもたらし，例えば，図書館や映画館では静かにする，目上の人には丁寧に話すなどの様々な社会常識の獲得も遅れる。

❏行動，興味，または活動の限定された反復的な様式（こだわり）

　こだわりには，習慣をかたくなに守ろうとしたり，反復的な行動を好んだり，儀式的な行動をするといったことや，興味が限定的で執着が強いことなどが含まれる。ウィングは，「こだわり」をイマジネーションの障害としている。**イマジネーションの障害**とは，現実的な対応をいろいろと思いめぐらせたり，臨機応変にものごとを処理する能力の障害をいう。ファンタジーを考えるような創造的能力の障害という意味ではなく，実際に ASD でもファンタジックなお話づくりが好きな子どもも多い。ASD では，知的水準に見合ったイマジネーション能力が獲得されていない。イマジネーションの障害があると，変化によって状況が新しくなると自分のイマジネーションを超えてしまうため，変化に抵抗を示し，興味・活動の偏りを生じる。こうした変化への抵抗や興味の偏りから，DSM で定義される‘興味や活動が限定的であり，反復的で常同的な様式’，つまり，こだわりといわれる行動が生じると考えられる。また，**常同運動**（くるくる回る，手のひらをひらひらさせる，などの繰り返しの動き）がみられる場合もある。特定の音を嫌がる，通常は聞こえない，あるいは気にならないような小さな音に反応するなどの聴覚異常や，特定の視覚刺激を過度に好むなど

の視覚異常，特定の触覚を過度に好む触覚異常などの**感覚刺激への異常反応**もよくみられる。感覚刺激への反応は**過敏**だけでなく，**鈍感**な場合もあり，痛みや暑さに鈍感でケガをしていても気づかない，衣類の調整ができないといった場合もある。

こうした症状は，程度の差はあるが ASD の多くの人に認められるものである。また，すべての ASD の人に認められるわけではない，診断基準に入っていない特性として，多動，不注意，不器用などがある。また，気分変調が大きいなどの特徴を併せ持つ場合もある。さらに，特定の能力，カレンダーを何年も先まで覚えている，計算が非常に速いなど特定のスキルについて，他のスキルや知的水準と比較して非常に高い能力を発揮することもある。こうした他の能力と比較してアンバランスな突出した能力を示す場合は，**サヴァン症候群**とよばれる。

ASD の症状は生涯変わらないが，発達や知的水準によって変化がみられる。対人コミュニケーションの側面については，幼児期には，**共同注意の乏しさ**などが目立つ。具体的には，視線追従，指さし追従，指さしの使用などがみられなかったり，みられたとしても少ない。言語の遅れがみられることも多い。成人期になると，知的水準が平均以上の場合は，言語は流暢である。しかし，自分の興味のあることについては，一方的に話すことはできるが，相手に合わせて会話を展開していくことができない，つまり，相手の知識や興味に配慮しながら話したり，場の雰囲気に合わせて話すなどが難しいといった行動特徴がみられる。成人期には，対人的相互性やコミュニケーションの障害が一見わからないことも多いが，社会からの要求水準が高次になるため，ASD 症状は軽微でも，他者の考えや感情が理解できず自然な共感を示せない。その結果，友人を持つことができず，学校や職場などの所属集団に自分の居場所が見つけられないことも多い。いじめの対象になることもしばしばである。一方で，対人的な失敗を避けるために，所属集団の中で過剰な努力をする場合もある。こうしたことが積み重なって，うつなどの気分障害や不安障害などに陥る人や，突然の感情爆発を呈したり，家族に対して八つ当たり的に暴言を吐いたり暴力的な行動をとる人もいる。

行動，興味または活動の限定された反復的な様式（またはイマジネーション

の障害）の側面については，幼児期では，新しい場所や初めての行事への拒否，一定の道順や食べ物などへのこだわり，手をひらひらさせたり，くるくる回るなどの反復行動がみられる。成人期になると，知的障害がない場合は，自分の趣味を極める，興味のあることへの過剰な知識，好きな物を蒐集するなどの形をとることが多い。このように，同じ障害であっても，発達段階によって表現型が変化する。

1-2-1-c. 自閉スペクトラム症の認知仮説

ASDを包括的に説明しようとする認知仮説がある。1つは「**心の理論**（theory of mind）」といわれるもので，人間がもつ，他者の感情や考えを推測し，その行動を予測することのできる能力を指す。この能力は直感的で自動的なものであるが，ASDではこの能力に障害があるという仮説である。この仮説を提出したバロン＝コーエン（Baron-Cohen, S.）は，サリーとアンの課題といわれる「一次の誤信念課題」による実験によって，ASD児では，同じ発達水準の定型発達児やダウン症児が通過するこの課題に通過することができないことを示した（Baron-Cohen et al., 1985）。「心の理論」の障害は，「**心理化**（mentalizing）**の障害**」や「**心の盲目**（mind blindness）」ともよばれる。

もう1つの仮説は，フリス（Frith, U.）が提唱した「**中枢性統合の弱さ**（Weak Central Coherence）」である（Happé & Frith, 2006）。この仮説は，定型発達では情報処理において全体を統合し意味づけようとする傾向が存在するが，ASDは全体を統合するよりも，部分に注目する傾向があるというものである。中枢性統合の弱さにより，ASDでは，対人関係や社会的状況を包括的に把握できないために，対人関係を維持できなかったり社会的状況を読み間違ってしまうのである。また，この仮説では，対人面だけでなく，こうした部分への注目がこだわりにつながると考えられた。第三の仮説は，作動記憶・反応抑制などの実行機能が障害されているという「**実行機能障害**」で，これは，ADHDとも共通する仮説となっている。

1-2-2-a. 注意欠如・多動症（ADHD）の診断基準

注意欠如・多動症（Attention-Deficit Hyperactivity Disorder: ADHD）は，注

意の欠如，多動，衝動性という3つの行動を必須とする行動的症候群である。これらの行動が発達水準に不相応な状態で，ASDと同じく，社会的，学業・職業的になんらかの困難が生じていることで診断が下される。DSM-IV-TRからDSM-5における大きな変更点は，以下の3点である。

①発症年齢が「7歳以前」から，「12歳になる前から」へと引き上げられた。

②症状必要項目は不注意9項目中6項目以上，17歳以上の青年成人期では5項目以上，多動性・衝動性も9項目中6項目以上，17歳以上では5項目以上と，加齢によって必要項目数が減少され，①と合わせて，成人期の診断が容易になった。

③多動・衝動性優勢型，不注意優勢型，混合型などのサブタイプの代わりに，過去6カ月間の症状の特性により「存在」と表現するようになった。

以上のように，ADHDに関しては診断基準の項目内容に大きな変化はない。ADHDのDSM-5の診断基準は，表1-2-2に示したとおりである。

不注意としては，注意のシフトの困難，興味のない課題を先のばしにする，集中困難などがある。多動としては，不適切な場面での過剰な運動活動性，過剰にそわそわすること，多弁などがある。衝動性とは，見通しを立てずに性急に行動することや熟慮せずに重要な決定を即断してしまうことなどである。

ADHDの有病率は，最新のメタアナリシスによれば小児期で3.4％と報告されている（Thapar et al., 2015）。成人期のADHDの有病率は，2.5％とされている。ADHDの子どもの経過を成人期まで前方視的に追跡した調査がいくつかあるが，方法論の違いなどから，症状が成人期まで持続する割合は異なっている（渡部，2010; 2016）。ただ，加齢に伴い，ADHD症状は減少していくので，DSM-5では，成人期の診断に必要な症状項目数が16歳までより少なくなっている。

1-2-2-b. ADHD の行動特徴

ADHDの行動特徴を幼児期からみてみると，多動や衝動性が目立ち，じっとしていない，気になるものがあると車の走る道に飛び出すなど，親からは，「目が離せない，何度注意しても同じ危ないことをやる，育てにくい子ども」と考えられる。繰り返し叱ることに疲れたり，叱責がエスカレートして虐待に近い行動になってしまう親もいる。また，周囲からは，しつけが悪い，親が甘

表 1-2-2：ADHD の DSM-5 診断基準 (DSM-5, p.58-59 より抜粋)

A　下記の（1）および / または（2）によって特徴づけられる
（1）以下の不注意症状のうち 6 つ（またはそれ以上）が少なくとも 6 カ月持続したことがあり，その程度は発達の水準に不相応で，社会的・学業的 / 職業的活動に悪影響（17 歳以上では，5 つ以上）
〈不注意〉a.　学業，仕事，または他の活動中に，しばしば綿密に注意することができない，または不注意な間違いをする。
b.　課題または遊びの活動中に，しばしば注意を持続することが困難である。
c.　直接話しかけられたときに，しばしば聞いていないように見える。
d.　しばしば指示に従えず，学業，用事，職場での義務をやり遂げることができない（反抗的な行動，または指示を理解できないためではなく）。
e.　課題や活動を順序立てることがしばしば困難である。
f.　（学業や宿題のような）精神的努力の持続を要する課題に従事することをしばしば避ける，嫌う，またはいやいや行う。
g.　課題や活動に必要なもの（例:学校教材，鉛筆，本，道具，財布，鍵，書類，眼鏡，携帯電話）をしばしばなくしてしまう。
h.　しばしば外的な刺激によってすぐ気が散ってしまう。
i.　しばしば日々の活動で忘れっぽい。
（2）以下の多動性−衝動性の症状のうち 6 つ（またはそれ以上）が少なくとも 6 カ月持続したことがあり，その程度は発達の水準に不相応で，社会的・学業的 / 職業的活動に悪影響（17 歳以上では，5 つ以上）
〈多動性〉a.　しばしば手足をそわそわ動かしたりトントン叩いたりする，またはいすの上でもじもじする。
b.　席についていることが求められる場面（例：教室）でしばしば席を離れる。
c.　不適切な状況でしばしば走り回ったり高い所へ登ったりする（青年または成人では落ち着かない感じのみに限られるかもしれない）。
d.　静かに遊んだり余暇活動につくことがしばしばできない。
e.　しばしば"じっとしていない"，またはまるで"エンジンで動かされているように"行動する。
f.　しばしばしゃべりすぎる。
〈衝動性〉g.　しばしば質問が終わる前に出し抜いて答え始めてしまう。
h.　しばしば自分の順番を待つことが困難である。
i.　しばしば他人を妨害し，邪魔する。（例：会話やゲームに干渉する）
B　不注意または多動性−衝動性の症状のうちいくつかが 12 歳になる前から存在していた
C　不注意または多動性−衝動性の症状のうちいくつかが 2 つ以上の状況において存在する
D　これらの症状が，社会的，学業的，または職業的機能を損なわせているまたはその質を低下させているという明確な証拠がある
過去 6 カ月間 A（1）（2）の基準を満たす場合：注意欠如・多動症　混合して存在 過去 6 カ月間 A（1）の基準のみ満たす場合：注意欠如・多動症　不注意優勢に存在 過去 6 カ月間 A（2）の基準のみ満たす場合：注意欠如・多動症　多動・衝動優勢に存在

やかしているなどと非難される場合もある。幼稚園や保育園では，先生の指示を聞いていない，朝の集まりなどで座っていられない，順番が待てない，すぐ手が出てしまうなどの集団行動を乱す行動が目立つ。

就学しても，集団の中での問題は継続する。多動・衝動性の問題としては，授業中に離席したり教室から出ていってしまう，教師の質問に手も挙げずいきなり答える，おしゃべり，けんかで手が出てしまう，といったことがみられる。注意の問題としては，授業に集中できない，忘れものや無くしものが多い。教師の話を聞いていなかったり，指示に従えないといった行動がみられる。いずれも，教師の叱責の的となり，その結果，周囲の子どもから「悪い子」と思われたり，子ども自身も**自己肯定感**が下がりがちである。こうした**自尊感情**の低下に関連した情緒的問題や，暴力，非行といった社会的に問題視される行動がみられることもある。親も対応に苦慮して，養育への自信を失い，親自身の自己肯定感も低下する。

ADHD では，年齢が低い間は多動が目立つが，年齢があがるにつれて不注意がめだってくる。特に，成人期には，不注意による問題が多くなるように感じる。職場で，ケアレスミスをする，仕事に集中できない，仕事の期限が守れない，段取りよく仕事をやっていけない，約束を忘れてしまう，部屋を片付けられない，こうした生活上のつまずきがストレスになることが多い。交通事故などの事故にあう確率も高いという報告もある。実際には衝動性も残っていて，上司に注意されて突然仕事をやめてしまう，離婚してしまうといったことも多い。成人期やその移行の過程において，気分障害，不安障害などの二次的な併存症も顕著となる（渡部，2010; 2016）。

1-2-3-a. 限局性学習症

学習障害（Learning Disorders: LD）は，DSM-5 では，**限局性学習症**（Specific Learning Disorder: SLD）という診断名となった。DSM-5 の SLD の診断基準を表 1-2-3 に示した。学習障害には，教育上の概念もある。教育上の学習障害（Learning Disabilities: LD）と医学上の SLD は近い概念であるが，まったく同じではない。その区別をしておくことが大切である。

まず，医学的診断基準についてみてみると，ICD-10 では「学力（学習能力）

表 1-2-3：限局性学習症の DSM-5 診断基準（DSM-5, p.65-66 より）

A	学習や学業的技能の使用に困難があり，その困難を対象とした介入が提供されているにもかかわらず，以下の症状の少なくとも１つが存在し，少なくとも６カ月間持続していることで明らかになる
(1)	不的確または速度が遅く，努力を要する読字（例：単語を間違ってまたはゆっくりとためらいがちに音読する，しばしば言葉を当てずっぽうに言う，言葉を発音することの困難さをもつ）
(2)	読んでいるものの意味を理解することの困難さ（例：文章を正確に読む場合があるが，読んでいるもののつながり，関係，意味するもの，またはより深い意味を理解していないかもしれない）
(3)	綴字の困難さ（例：母音や子音を付け加えたり，入れ忘れたり，置き換えたりするかもしれない）
(4)	書字表出の困難さ（例：文章の中で複数の文法または句読点の間違いをする，段落のまとめ方が下手，思考の書字表出に明確さがない）
(5)	数字の概念，数値，または計算を習得することの困難さ（例：数字，その大小，および関係の理解に乏しい，１桁の足し算を行うのに同級生がやるように数学的事実を思い浮かべるのではなく指を折って数える，算術計算の途中で迷ってしまい方法を変更するかもしれない）
(6)	数学的推論の困難さ（例：定量的問題を解くために，数学的概念，数学的事実，または数学的方法を適用することが非常に困難である）
B	欠陥のある学業的技能は，その人の暦年齢に期待されるよりも，著明にかつ定量的に低く，学業または職業遂行能力，または日常生活活動に意味のある障害を引き起こしており，個別施行の標準化された到達尺度および総合的な臨床評価で確認されている。17 歳以上の人においては，確認された学習困難の経歴は標準化された評価の代わりにしてよいかもしれない。
C	学習困難は学齢期に始まるが，欠陥のある学業的技能に対する要求が，その人の限られた能力を超えるまでは完全には明らかにはならないかもしれない（例：時間制限のある試験，厳しい締め切り期間内に長く複雑な報告書を読んだり書いたりすること，過度に思い学業的負荷）。
D	学習困難は知的能力障害群，非矯正視力または聴力，他の精神または神経疾患，心理社会的逆境，学業的指導に用いる言語の習熟度不足，または不適切な教育的指導によってはうまく説明されない。

読字の障害を伴う：読字の正確さ，読字の速度または流暢性，読解力の傾向が強い場合。
書字表出の障害を伴う：綴字の正確さ，文法と句読点の正確さ，書字表出の明確さまたは構成力の傾向が強い場合。
算数の障害を伴う：数の感覚，数学的事実の記憶，計算の正確さまたは流暢性，数学的推理の正確さの傾向が強い場合。

の特異的発達障害（Specific Developmental Disorders of Scholastic Skills）」となっており，DSM-IV-TR は「学習障害（Learning Disorders）」となっていた。ICD-10 の「学力（学習能力）の特異的発達障害」では，特異的読字障害，特異的計算能力障害，特異的（綴字）書字障害，混合性学習能力障害，その他の学習障害，特定されない学習障害に分類されており，DSM-IVの「学習障害」では，読字障害，算数障害，書字表出障害，特定不能の学習障害に分類されている。いずれも，視力や聴力などの感覚障害や教育歴の問題がないにもかかわらず，知的能力から期待される読み，書き，算数（計算）の学業成績に，著しい遅れを示す場合を「学習障害」とする。教育上の定義と比べると，狭い範囲の障害を「学習障害」とみなす。つまり，医学的には，年齢や知能に比べて，読み，書き，計算（算数）の学習到達度が低いと定義されている。また，DSM-IV-TR の「読み」とは，基本的には文字から音や音韻列に変換すること，つまり，音読や黙読などを指していたが，DSM-5 では，これに加えて，音読できても意味を理解できない言語性意味理解障害の症状も含まれている。

　1999 年に発表された文部省（現，文部科学省）の定義では，「学習障害とは，基本的には全般的な知的発達に遅れはないが，聞く，話す，読む，書く，計算するまたは推論する能力のうち特定のものの習得と使用に著しい困難を示す状態を指すものである。学習障害は，その原因として，中枢神経系に何らかの機能障害があると推定されるが，視覚障害，聴覚障害，知的障害，情緒障害などの障害や，環境的な要因が直接の原因となるものではない」とされている（文部省，1999）。医学的定義で記述されている読み，書き，計算（算数）に加えて，話す，聞く，推論力が加わっている。教育上の学習障害のほうが広く捉えられている。話す，聞くの障害は，言語性意味理解障害と考えられ，教育と医学の定義が近づきつつあるといえる。医学，教育ともに環境要因による学習の遅れを除外している点は共通である。また，知的障害と学習障害は基本的には区分される概念であると明示している。

　さらに，文部省の「学習障害の定義」では学習障害の主症状（中核症状）からは外れているものの，運動・動作の困難，行動の自己調整の困難，社会的適応性の困難という症状の重複可能性が「学習障害の定義の解説」で明確化されている。このことは，学習障害は学習上の困難が主症状ではあるが，それに加

えて，他の発達障害の症状である運動・動作の困難，行動の自己調整の困難，対人関係・社会的適応の困難まで視野に入れながら，教育支援を考えていくことの必要性が示唆されているといえる。

　また，読み書きに限定した学習困難を，特別に**ディスレキシア**（Dyslexia）や**読み書き障害**とよぶ。これまで，診断基準に記載されたことはなかったが，DSM-5 の中に，ディスレキシアが代替用語であると記された。このことから，ディスレキシアも医学的な疾患概念として捉えられ始めていると考えられる。

1-2-3-b. 限局性学習症の特徴

　SLD の特徴は，診断基準の説明で述べたように，学習やそれに関わる能力における困難である。したがって，就学後に明らかになることが多い。しかし，SLD につながる特徴が幼児期にみられることは多い。例えば，ディスレキシアの中の書字の問題に関わる不器用さや，読みに関わる音韻認識の弱さなどは，就学前から気づかれることも多い。書字は，手先の不器用さや目と手の協調運動が強く反映する。また，ディスレキシアでは幼児期より音韻認識の発達に遅れがあることも多い。ディスレキシアへの支援は，近年，進んでおり，センター試験や大学入学選抜試験での時間延長などの配慮が受けられるようになっている。また，読字については文章の読みあげ器，書字についてはパソコンなど，IC 機器の利用が進んできている。

1-2-4. 発達性協調運動症

　発達性協調運動症は，DSM-5 では運動症群の中に分類されており，英語では Developmental Coordination Disorder，短縮形として **DCD** と呼ぶことも多い（表 1-2-4 参照）。そもそも，協調運動とは，手と手，足と手などの個別の動きを一緒に行う運動である。視覚や聴覚などの感覚と手，足などの動きを一緒に行うこともある。例えば，黒板を写すとき，目で見ながら同時に手を動かしたり，文字を書くときに，右手で鉛筆を持ち左手でノートをおさえて書く。このように同時に別々の運動を協調させて行うことである。中井によれば，視知覚・触覚・固有感覚・位置覚などの感覚入力をまとめて，運動意図に基づき運動計画を生成，運動として出力し，それらの結果のフィードバックに基づき

表 1-2-4：発達性協調運動症の DSM-5 診断基準 （DSM-5, p.73 より）

A	協調運動技能の獲得や遂行が，その人の生活年齢や技能の学習および使用の機会に応じて期待されるものよりも明らかに劣っている。その困難さは，不器用（例：物を落とす，または物にぶつかる），運動機能（例：物を掴む，はさみや刃物を使う，書字，自転車に乗る，スポーツに参加する）の遂行における遅さと不正確さによって明らかになる。
B	診断基準 A における運動機能の欠如は，生活年齢にふさわしい日常生活活動（例：自己管理，自己保全）を著明および持続的に妨げており，学業または学校での生産性，就労前および就労後の活動，余暇，および遊びに影響を与えている。
C	この症状の始まりは発達段階早期である。
D	この運動技能の欠如は，知的能力障害（知的発達症）や視力障害によってはうまく説明されず，運動に影響を与える神経疾患（例：脳性麻痺，筋ジストロフィー，変性疾患）によるものではない。

修正・学習を行うという一連の脳機能である（中井，2016）。ボールを投げる，歩くといった**粗大運動**のみならず，ボタンをはめるといった手先を使うことや口の動きなどの**微細運動**も含まれる。こうした協調運動に困難があるのが発達性協調運動症である。一般的にいうと，ひどい不器用といえる。

DCD の頻度は約 5 ～ 6 ％と高く，また，ADHD の 30 ～ 50 ％，SLD の約 20 ％に併存することが報告されている。ただ，日本では，脳機能を基盤とする発達障害と捉えられることは少なく，医療機関にかかることも少ない。

DCD の子どもは，一生懸命努力しているにもかかわらず，運動が苦手だったり，書字が下手だったりするため，自信を失いやすい。また，周囲から，こうしたことをからかわれたりすることも多く，自己評価が低くなりがちである。DCD の症状は成人期にも継続し，運動の苦手さや手先の不器用，滑舌の悪さなどがみられ，それに悩む人も多い。

1-2-5. 各発達障害の併存と他の精神疾患の併存

今まで述べてきたような発達障害は併存してみられることも多い（図 1-2-2 参照）。各発達障害の併存について考えてみると，例えば，ASD と ADHD が併存した場合，対人コミュニケーションの問題，こだわり，そして不注意，多動

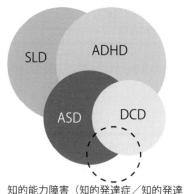

- 自閉スペクトラム症／自閉症スペクトラム障害　ASD（Autism Spectrum Disorder）
- 注意欠如・多動症／注意欠如・多動性障害　ADHD（Attention-Deficit / Hyperactivity Disorder）
- 限局性学習症／限局性学習障害　SLD（Specific Learning Disorder）
- 発達性協調運動症／発達性協調運動障害　DCD（Developmental Coordination Disorder）

知的能力障害（知的発達症／知的発達障害）（Intellectual Disability）

図 1-2-2：発達障害の種類とその重なり：神経発達症群／神経発達障害群

などの症状が存在することになる。すなわち，それぞれの特徴が一人の人間に現れてくることになる。それぞれの特徴がどの程度，また，どの側面が現れるかは各ケースで異なるため，丁寧なアセスメントが必要となる。さらに，ASDの正確さや強迫的な几帳面さが，ADHDの不注意によって，相殺されてしまうこともある。反対に，ADHDの社会性の良好な部分がASDの特性によって隠蔽されてしまうこともある。このように，重複によって，当然だが，困難は大きくなる。したがって，併存している発達障害の特性すべてに対応するように支援を考える必要がある。

　また，本書では取り上げていない**知的能力障害**の併存もある。知的水準によって，教育や就業の選択肢が変わり，支援方法も当然変わってくるので，その把握は必須である。同時に，**知的水準**だけではなく，その**認知特徴**を知っておくことは支援において重要である。例えば，各領域がほぼ同じレベルのパフォーマンスで全検査IQが出ている場合と，領域ごとの乖離が大きい場合では，支援の方法も変わってくる。各発達障害との併存について考えてみると，SLD，ADHDは基本的には，知的水準が正常であることを前提とした疾患概念であり，知的能力障害との併存が問題になることは少ない。一方，ASDに関しては，最重度から正常な知能までさまざまな知的水準のケースがある。IQが70以下であれば，当然だが，知的障害とASD特性が現れてくることになる。したが

って，両方に配慮した支援が必要となる。この場合，後述するが，支援の基盤となる法律も異なることになる。また，境界知能であれば，やはり特別支援教育の利用や障害者就労が必要になる場合もあり，処遇や支援が最も悩ましくなるケースである。IQ が高い場合には，当然だが，知的障害に対する対応は不要となる。

　他の精神疾患の併存も多くみられる。ASD では，1 つの精神疾患を併存する場合が 70％，2 つの精神疾患を併存する場合が 40％である。併存する精神疾患としては，不安症群，抑うつ障害群，強迫症および関連症群，摂食障害群などとなっている（Lai et al., 2014）。

　ADHD では，1 つの精神疾患を併存する場合が 44％，2 つ以上が 32％，3 つ以上が 11％ある。併存する精神疾患としては，ASD と同様に，不安症群，抑うつ障害群がみられるほかチック症群，反抗挑発症や素行症といった秩序破壊的・衝動制御・素行症群，レストレスレッグ症候群（むずむず脚症候群）などの睡眠−覚醒障害群，物質関連障害群などがある（Greydanus, 2005）。SLD でも，同様に，不安症群，抑うつ障害群の併存がみられる。

発達障害に関する法律

これから学ぶこと
①発達障害者支援法
②障害者差別解消法
③教育における発達障害に対する施策

1-3-1. 発達障害者支援法

　2004 年 12 月には国会で**発達障害者支援法**が全会一致で可決成立し，2005 年 4 月より施行となった。この中の第二条において，「発達障害」とは，「自

閉症，アスペルガー症候群その他の広汎性発達障害，学習障害，注意欠陥多動性障害その他これに類する脳機能の障害であってその症状が通常低年齢において発現するもの」と定められ，発達障害が初めて支援の対象となった。さらに，この法律では，「発達障害を有するために日常生活又は社会生活の制限を受ける者とし，発達障害者に対して，その心理機能の適正な発達を支援し，及び円滑な社会生活を促進するために行う発達障害の特性に対応した医療的・福祉的及び教育的援助が必要」としている。この法律施行の結果として，2010年には**障害者自立支援法**，2011年には**障害者基本法**が改正された。その中で，「身体障害，知的障害，精神障害（発達障害を含む）」と明記され，以前は支援の乏しかった知的障害のない発達障害の人たちも支援の対象と認められた。

　これ以前には，文部科学省を中心に，知的障害を伴わない発達障害については「軽度発達障害」と呼び，知的障害を伴う発達障害とは区別する動きもあったが，2007年に出された通達により，「軽度発達障害」という用語の原則的な使用が停止され，「発達障害」は，「高機能のみならず自閉症全般を含むなどより広いもの」として定められた（文部科学省，2007）。

　さらに，2016年には，発達障害者支援法が改正され，その定義には「発達障害及び社会的障壁により日常生活または社会生活に制限を受けるもの」というICFの障害概念に基づく内容が追加され，発達障害が環境との相互作用にあるものとして位置づけられることが，より明確化された。**改正発達障害者支援法**には，「支援とは発達障害に関する社会的障壁を取り除くこと」が明示され，また，いじめ防止，司法手続きにおける意思疎通の手段の確立，就労の定着支援などの内容が盛りこまれた。

　こうした法整備に伴い，**発達障害者支援センター**が都道府県，政令指定都市に設置され相談業務等が行われている。このように，ここ数年，発達障害については社会全体の啓発や支援が進みつつあるといえる。なお，法で定義された障害は，医学的な発達障害とは異なり，知的障害が含まれていないことに注意が必要である（図1-3-1）。日本の法律では，すでに知的障害への法律である知的障害者福祉法があったため，別に扱われているのである。また，2004年時の診断名が用いられている。

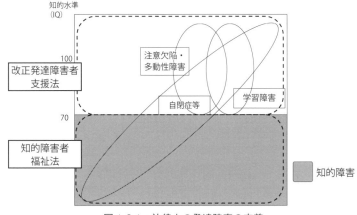

図1-3-1：法律上の発達障害の定義

1-3-2. 障害者差別解消法

障害者差別解消法（正式名称：障害を理由とする差別の解消の推進に関する法律）も，支援を考える上で重要な法律である。この法律は，国連の**障害者権利条約**を批准するために進められた国内法整備の一環として制定されたものである。差別解消法では，障害を理由とした不当な差別的取り扱いを禁止し，それを法的義務としている。また，同時に，第1章4節で述べる**合理的配慮**の提供を求めている。差別の解消を実現するための政府の基本的な考え方は，2015年2月に「基本方針」として閣議決定され，2016年4月1日に同法は施行された。

1-3-3. 教育における発達障害に関する施策

こうした発達障害者への支援を目指した福祉面の法整備に呼応して，教育における施策も行われてきた。第1章1節で述べたように，文部科学省は2002年に全国調査を行い，通常学級に発達障害の可能性のある子どもが6％以上いることを発表した。これに基づいて，2006年，**特別支援教育**が学校教育法に位置づけられ，2007年より特別支援教育が始まった。特別支援教育は，それまでの障害の程度等に応じ特別の場で指導を行う「特殊教育」から，障害のある児童・生徒一人ひとりの教育的ニーズに応じて適切な教育的支援を行う「特

表 1-3-1：障害に関係する法律と制度改正

	障害全体に関する法律・制度	発達障害に関する法律
2004 年		発達障害者支援法成立
2006 年	国連障害者権利条約採択	
2010 年	障害者自立支援法改正	
2011 年	障害者基本法改正	
2013 年	障害者差別解消法公布	
2014 年	国連障害者権利条約締結	
2015 年	内閣府→基本方針閣議決定 行政機関等→対応要領作成 主務大臣→対応指針作成	
2016 年	障害者差別解消法施行	発達障害者支援法改正，施行

別支援教育」への転換を図ったものである。

　特に，多様なニーズに対応するために，各子どもに対して**個別の教育支援計画**が立てられるようになった。障害のある子どもを生涯にわたって支援する観点から，一人ひとりのニーズを把握して，関係者・機関の連携による適切な教育的支援を効果的に行うために，教育上の指導や支援を内容とする個別の教育支援計画の策定，実施，評価（Plan-Do-See のプロセス）の重要性が強調されている。学内，および，福祉・医療等の関係機関との間の連絡調整役として，あるいは，保護者に対する学校の窓口の役割を担う者として，**特別支援教育コーディネーター**を学校に置くことにより，機関との連携協力の強化が図られている。

　さらに，それまでの特殊教育では，盲・聾・養護学校を置いていたが，障害の重複化や多様化を踏まえ，障害種にとらわれない学校設置が制度上可能になった。そして，**特別支援学校**が置かれ，地域において小・中学校等に対する教育上の支援（教員，保護者に対する相談支援など）をこれまで以上に行い，地域の特別支援教育のセンター的役割を担うことになった。

4 合理的配慮とは？

これから学ぶこと
①合理的配慮の概要
②合理的配慮における公認心理師の役割

　合理的配慮とは，障害者の人権が，障害のない人と同じように保障されるとともに，教育，就業，その他社会活動に参加できるよう，それぞれの障害特性やニーズに合わせて行われる配慮のことである。障害の有無にかかわらず，一人ひとりのニーズにそった公平な社会を実現するための重要な概念と考えられる。合理的配慮は，2006年に採択された国連の**障害者権利条約**や2016年に施行された**障害者差別解消法**を基盤とし（第1章3節参照），「障害者から現に社会的障壁の除去を必要としている旨の意思の表明があった場合において，その実施に伴う負担が過重でないとき」に，**社会的障壁**を除去することと定義されている。社会的障壁とは，障害者の活動や参加の限界を作っている妨害のことである。合理的配慮の提供は，公的な機関では法的義務となり，民間では努力義務とされている。
　内閣府の合理的配慮の基本方針（内閣府，2015）をみると，前述の「障害者からの社会的障壁の除去への意思の表明」「配慮実施に伴う負担が過重でない」以外に，「事業の目的・内容・機能に照らし，本来の業務に付随するものである」「障害者でない者との比較において同等の機会の提供を受けるためのものである」「事業の目的・内容・機能の本質的な変更ではない」「根拠資料がある」「障害者，第三者の権利利益を侵害しない」となっている。
　特に，意思の表明について考えると，合理的配慮の提供は，障害のある本人からの意思表明に応えて行われるべきものということになる。したがって，こうした社会的障壁の除去への要請がなかった場合，合理的配慮はしなくてもよ

いということになるかもしれない。しかし，発達障害のある人は，コミュニケーションや社会性に困難を持つことが多い。そのため，配慮を要請できないことが憂慮される。それ以前に，自分の困難に気づかないという人もいると考えられる。その場合には，困難に気づかせたり，意思表明の仕方を支援することも期待されている。つまり，意思表明がなくても，なんらかの困難が認められる場合，配慮を求めてよいことや求める方法を発達障害者に示していく必要がある。

　具体的には，教育現場であれば，読みに困難のある子の場合，音声読み上げソフトなどの **ICT**（Information and Communication Technology）を利用して学習をしやすくする。周りの刺激に敏感で集中し続けることができない子どもの場合，机の周りに仕切りを用意したり，教壇近くの席に座らせる，あるいは，別室でテストを受けられるようにしたりする。指示の理解に困難がある子の場合，指示を1つずつ出すようにしたり，指示を書いて示したり，見通しが立つようにその日の予定をカードや表にしたりする。社会に出てからも，聴覚が過敏な人であればヘッドホンをしながら作業をする，他の人から離れて仕事をするなど，職場で適応できるように働きやすい環境を提案する。こうした具体的な支援方法を考えていくこと，また，こうした支援があることや，こうした支援を求めてよいことを，発達障害者やその周囲にいる人たちに伝えていくことが大切である。

　合理的配慮のもう1つの側面は，「過重な負担がない」ということである。障害者のニーズに応えて，社会的障壁を除去することに周囲は努力しなくてはならないが，その負担が過重な場合はしなくてもよいということになっている。過重であるかどうかの判断は難しいが，実現困難度，費用・負担の程度などを考えていく。決して，周囲が大きな犠牲を強いられるわけではない。例えば，発達障害の学生が大教室での授業について聴覚過敏のために受けられないとした場合，教員とすべての授業を一対一で受けることは，大学側の過重な負担になるといえる。また，過重な負担ではないが，合理的配慮として不適切なものもある。例えば，例に挙げた学生が，大教室での授業が難しいからといって，授業に出なくても単位を与えてしまうということなどは，教育を受けるという権利も保障されていないし，また，他学生とのバランスにおいて不適切で

ある。こうした場合，授業をビデオに撮って，それを一人で見て学習する，教室内で適切な場所を学生と探し，ノイズキャンセリング機能付きのヘッドホンを着用するなどが適切と考えられる。

　また，周囲の教師，ソーシャルワーカー，医師，保護者などの他職種や様々な立場の人の連携が，合理的配慮には不可欠であるが，その連携には中心となってコーディネートする要となる人がいることも非常に重要である。こうした発達障害者と環境との調整をすること，つまり，発達障害者のニーズをくみとり，周囲の連携を促し，調整しながら，社会的障壁を取り去っていくことも，公認心理師に期待される。

•••▶ 第1章のチェックポイント •••••••

- □ *1.* 障害について，ICDモデルとICIDHモデルの違いをまとめてみよう。
- □ *2.* 発達障害の種類を4種類挙げて，その特徴をまとめてみよう。
- □ *3.* 発達障害の重複について考えてみよう。
- □ *4.* 発達障害に関する法律や教育制度についてまとめてみよう。
- □ *5.* 合理的配慮についてまとめてみよう。

第 2 章

公認心理師として知っておきたい 発達障害のアセスメント

発達障害の支援において基盤となるのが，アセスメントです。この章では，アセスメントの目的を正しく理解するとともに，主要なアセスメント・ツールについて学びます。

1 アセスメントとは？

これから学ぶこと

①アセスメントの意義
②発達障害のアセスメントの考え方
③支援のための包括的アセスメント
④フォーマルアセスメントとインフォーマルアセスメント

2-1-1. アセスメントの意義

　最初に，なぜ発達障害のアセスメントが必要かを考えてみたい。アセスメントの必要性を考えるとき，私は自閉スペクトラム症（Autism Spectrum Disorders: ASD）のある子どもやその親たちの悲しい歴史を思い出す。自閉症は 1943 年に**カナー（Kanner, L.）**によって初めて報告されたが（Kanner, 1943），1960 年代には，当時シカゴ大学の教授であったベッテルハイム（Bettelheim, B.）などの精神分析家たちによって，ASD の原因は母親の養育方法にあるとされ，母子を分離するといった治療が行われていた。母親たちは，"refrigerator mother"（冷蔵庫のように冷たい母）と呼ばれた。ASD の原因が生物学的なものであることがわかっている現在では，この考えが間違いであることは誰が見ても明らかであろう。しかしながら，当時でも，正確なアセスメントをしていたり，自身のアセスメントのフレームワークを検証することがあれば，こうした間違いは防げたのではないだろうか。当時の分析家も，アセスメントをまったくしなかったのではなく，分析家なりのフレームワークで子どもや親や親子関係のアセスメントをしていたのだと推察する。ただ，そのアセスメントのフレームワークの妥当性に問題があったことと，多数例を体系的に調査したのではなく，少数例の経験を自分のフレームワークを通して多数例に当てはめたということが間違いに導いたのだと考えられる。ASD の支援の歴史は，自分の得意なフレームワークに患者を当てはめようとする誤った考え方

が，悲劇をつくりだすことを如実に示している。

　悲しい歴史を繰り返さないためには，アセスメントに基づかない支援や治療は言語道断であるが，たとえアセスメントに基づいて支援を実施している場合も，アセスメント・ツールの妥当性や信頼性を不断に検証し，フレームワークについても時に反省的に振り返る必要がある。現在使用されているツールも，そういう意味では常にツールの妥当性や信頼性を懐疑しながら臨床に慎重に適用していこうという姿勢が公認心理師には求められる（黒田，2013）。

2-1-2. 発達障害のアセスメントの考え方

　発達障害の特性は長所にも短所にもなるものであり，その特性の活かし方を考える第一歩がアセスメントである。また，DSM-5 では，発達障害の症状はスペクトラムで捉えられており，診断閾下といわれる診断がつかない人（いわゆるグレーゾーン）でも，程度の差はあれ発達障害の特性があることが考えられる。こうした，診断まで至らないが，なんらかの発達障害の特性をもち，支援ニーズのある人は多い。そして，その特徴をアセスメントで把握することで支援ができる場合も多い。

　発達障害の主な分類である **ASD**（Autism Spectrum Disorder: 自閉スペクトラム症），**ADHD**（Attention Deficit Hyperactivity Disorder: 注意欠如・多動症），**SLD**（Specific Learning Disorder: 限局性学習症）には，それぞれの特徴を客観的・定量的に把握することのできる特化したアセスメント・ツールがある。長く日本では，臨床においてアセスメントに基づいた支援の重要性が認識されず，多くの支援がアセスメントというエビデンスの保証のない状態で行われてきた。このことは，発達障害者の有効な支援を受ける権利を著しく害していたといわざるをえない。海外に比べ，発達障害に特化したアセスメンは遅れをとってきたが，近年になってようやく基本的な欧米のアセスメント・ツールの日本版や日本独自のツールが整備されてきた。

　発達障害のアセスメント・ツールに関しては，「**スクリーニング**」「**診断・評価**」に分けて考えると，整理しやすい。また，実施しているときも，自分がどのレベルのアセスメントをしているのかを意識しておくことも重要である（図2-1-1 参照）。スクリーニングのみで診断をつけることは危険であるし，対象児

者の特性を詳しく見るためには，診断・評価のためのアセスメントをする必要がある。

　スクリーニングとは，なんらかの障害や問題を抱えている可能性がある児者を発見するためのアプローチである。スクリーニングの結果がそのまま診断となるわけでは決してない。診断には，専門家による詳細な診断・評価が必要である。スクリーニングには，一次スクリーニングと二次スクリーニングの2種類がある。**一次スクリーニング**とは，一般の集団を対象とした健康診査（健診）の際に，なんらかの問題のある児者を特定するものである。早期発見や早期支援においては，健診等で一斉に実施される一次スクリーニングは特に重要である。一方，**二次スクリーニング**は，発達障害のリスクの高い群を対象に作成されたもので，一次スクリーニングで発達障害の特徴があると判断されたケースや，療育・医療・福祉機関などにすでにかかっている，リスクの高いケースを対象に，ASD，ADHD，SLD などの弁別をするためのアセスメントということになる。スクリーニングの方法としては，特定の障害に特化した質問紙，保護者への面接，本人の行動の直接観察などが挙げられる。スクリーニン

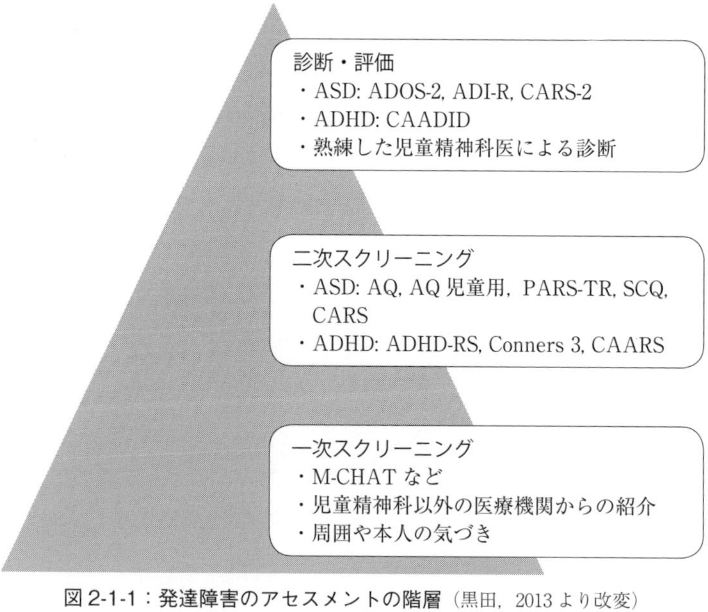

診断・評価
・ASD: ADOS-2, ADI-R, CARS-2
・ADHD: CAADID
・熟練した児童精神科医による診断

二次スクリーニング
・ASD: AQ, AQ 児童用, PARS-TR, SCQ, CARS
・ADHD: ADHD-RS, Conners 3, CAARS

一次スクリーニング
・M-CHAT など
・児童精神科以外の医療機関からの紹介
・周囲や本人の気づき

図 2-1-1：発達障害のアセスメントの階層（黒田，2013 より改変）

グは，その目的に応じて，対象年齢や使われる方法，調べられる内容も異なっているので，支援に役立つように適切なツールを選ぶことが肝要である。ただ，どのようなスクリーニングにおいても，**偽陰性**が生じる可能性はあり，結果が**カットオフ値**を下回っていても，発達障害の可能性は完全には否定されないことに注意が必要である。その後，個々の特性をきめ細やかにみていくのが**診断・評価アセスメント**であり，支援において必須のプロセスである（黒田，2015a）。

2-1-3. 支援のための包括的アセスメント

　発達障害の特性を活かすためには，どのようなアセスメントが必要なのだろうか。精神医学的アセスメントについて，児童精神科医であるグッドマンとスコット（Goodman & Scotto, 2005）は，病因，予後，治療を含むケース・フォーミュレーションにつながるような**包括的アセスメント**が必要であると述べている。発達障害の主症状は共通であっても，その程度や表れ方は多様である。同時に，家族を含む彼らを取り巻く環境も多様でその影響もある。したがってニーズも様々である。個々人に合った支援をするためには，それらをきちんとアセスメントして，ニーズに応じた個別の支援を構築する必要がある。適切なアセスメントが実施され適切なフィードバックが行われれば，発達障害児者本人が自分の特性を理解して，それに応じた生活の工夫をすることも可能になる。また，家族，教育機関，職場といった周囲もその特性に合った関わりや環境調整をすることが可能となる。もちろん，迅速に適切な教育的支援や社会福祉的支援にもつながることができる。つまり，アセスメントは支援の基盤なのである。

　包括的アセスメントの要素とは，大きく分けると以下になる。

　①発達障害に特化したアセスメント
　②知的水準・認知特徴のアセスメント
　③適応行動のアセスメント
　④感覚や運動のアセスメント
　⑤併存する精神疾患のアセスメント
　⑥心理社会的・環境的アセスメント

　発達障害の疑いがある人に出会った場合，発達障害のスクリーニングと同時に**知的水準**や**発達水準**を確認する必要がある。そして，発達障害の特性につい

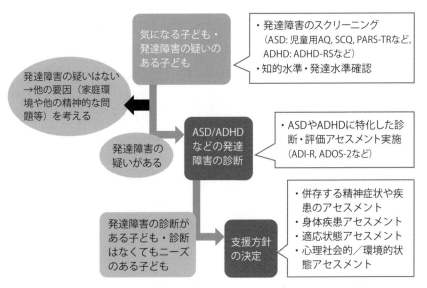

図 2-1-2：発達障害の支援に必要なアセスメント（黒田，2014 より改変）

て，さらに詳しく評価して診断に至るのであるが，支援を考える場合には**適応行動，感覚，運動，併存する精神疾患，心理社会的・環境的アセスメント**なども実施しなければならない（図 2-1-2 参照）。以下にそれぞれの概要を述べる。

①発達障害に特化したアセスメント

発達障害について，近年，国際的なアセスメント・ツールの日本語版や日本国内で開発されたものが整ってきている。今までのように，発達障害を診断したり評価したりする場合に，②の知能検査のみをその判断根拠に使うといった誤用が一日も早くなくなることを祈っている。ASD, ADHD, SLD のアセスメントについては，次節で詳細を述べる。また，DCD のアセスメントに関しては，⑤感覚や運動のアセスメントで述べる。

②知的水準・認知特徴のアセスメント

知的水準・認知特徴について把握することは，発達障害の症状を理解したり支援したりするうえで必須である。なぜなら，知的水準や発達水準によって行

動は大きく影響を受けるからである。例えば，社会性に問題があるとしても，発達水準が低い場合，期待される社会性は低くなり，ASD の特性とはいえない場合もある。こうした発達水準や知的水準について，幼児であれば，新版 K 式発達検査のような領域別の指数が求められる発達検査が推奨される。児童期以降は **WISC™-Ⅳ知能検査**（*Wechsler Intelligence Scale for Children-Fourth Edition*），成人期は **WAIS™-Ⅲ知能検査**（*Wechsler Adult Intelligence Scale -Third Edition*）などを用いて，全検査 IQ だけではなく群指数や合成得点などから能力間の偏りを把握することが支援上は有用である。

新版 K 式発達検査は，全体の発達年齢と，その年齢を実年齢で割った発達指数が求められ，また，前述したように姿勢・運動，認知・適応，言語・社会の 3 領域について，それぞれ発達年齢と発達指数が求められる。見方としては，まず，全体の発達水準を確認した後，各領域のバランスをみていく。ASD の幼児は，認知・適応に比べ，言語・社会の発達年齢が低いことが多い。年齢が上がり，知的な遅れが大きくない場合は，WISC-Ⅳ, WAIS-Ⅲ をとることになる。まず，全検査 IQ から全体的な知能水準を把握した後，各群指数や合成得点の乖離を見ていくことが重要になる。例えば，他の群指数は平均的なのに，処理速度の群指数だけが低ければ，不器用であることや，目と手の協応の悪さ，あるいは，集中力の問題などが考えられる。

ただ，医療や教育現場では，他の発達障害に特化したアセスメントがいまだに普及していないせいか，知能検査や認知検査に頼りすぎたアセスメントを行っているところも散見される。発達障害の診断を受けた成人や，子どもの保護者から，「WAIS をとって ASD といわれました」「WISC の下位検査の乖離が大きいので，ASD といわれました」などと聞くと，発達障害の理解の低さに本当に嘆かわしい気持ちになる。あらためてここで強調したいのは，**ウェクスラー（Wechsler）系の知能検査**では，発達障害であるかどうかの診断や判断はできない。わかるのは**認知特性**であるということを忘れてはならない。また，言語理解や言語性 IQ の高い発達障害児者も多いが，こうした知能検査は，ほとんどが言語知識を尋ねるものであり，実際のコミュニケーションの力を評価できるわけではないことを理解しておくことが重要である。実際のコミュニケーション能力は，後述する Vineland-Ⅱ適応行動尺度や ADOS-2 で見ること

ができる。

③適応行動のアセスメント

　発達障害の支援の最終目的は，日常生活の適応の向上であることを考えると，現状の**適応行動**の水準を把握しておくことも，支援の上では非常に重要である。知的機能と適応行動は，通常，正の相関を示すが，発達障害の場合，知的水準から期待されるような適応行動は達成されないことが明らかになっている。特に ASD では，適応的スキルはその個人がもっている知的機能よりもかなり下回ることが多いが，とりわけ，知的障害のない高機能のスペクトラムの人はその傾向が強い。最も大きな乖離は社会性スキルと IQ の間に認められる。こうした点からも適応水準を調べることが重要である。ただ，最近まで日本には，広い年齢で使うことのできる，標準化された，適応行動を評価する検査がなかった。2014 年に**日本版 Vineland™-Ⅱ**（ヴァインランド・ツー）**適応行動尺度**（*Vineland Adaptive Behavior Scales, Second Edition*）（Sparrow et al., 2005; 辻井ら，2014）が刊行されたが，これは **0 歳から 92 歳まで**の適応行動を調べ

表 2-1-1：Vineland-II 適応行動尺度の領域と下位領域（黒田，2015c より改変）

セクション	領域	下位領域	項目数	対象年齢
適応行動	コミュニケーション	受容言語	20	0 歳〜
		表出言語	54	0 歳〜
		読み書き	25	3 歳〜
	日常生活スキル	身辺自立	43	0 歳〜
		家事	24	1 歳〜
		地域生活	44	1 歳〜
	社会性	対人関係	38	0 歳〜
		遊びと余暇	31	0 歳〜
		コーピング	30	1 歳〜
	運動スキル	粗大運動	40	0 歳〜6 歳，50 歳〜
		微細運動	36	0 歳〜6 歳，50 歳〜
不適応行動	不適応行動	内在化	11	3 歳〜
		外在化	10	3 歳〜
		その他	15	3 歳〜
		重要事項	14	3 歳〜

ることができる，非常に有効な検査である。

　Vineland-Ⅱ適応行動尺度について簡単に説明すると，これは，適応行動の「コミュニケーション」「日常生活スキル」「社会性」「運動スキル」4領域と「不適応行動」で構成され，それぞれの領域に**下位領域**がある。その下位領域に多くの質問が用意されており，適応行動を多面的に捉えることができる。また，評定対象者の年齢によって実施しない領域および下位領域がある（表2-1-1）。「運動スキル」領域は，評価対象者が6歳までと50歳以上の場合に実施する。下位領域の「読み書き」は評価対象者が3歳以上から，「家事」領域は1歳以上からそれぞれ実施可能である。問題行動を評価する「不適応行動」領域はオプションであり，3歳以上の対象者に関して，回答者の許可を得たうえで実施する。「内在化問題」「外在化問題」「その他の問題」「重要事項」という領域があり，特に強度の不適応行動について評価する「重要事項」では，その強度に関しても重度，中等度の評定を行う。不適応行動の項目によって，青年期以降に顕在化する二次障害等の問題を把握することも可能である。

　Vineland-Ⅱの適応行動総合点はウェクスラー系の知能検査のIQと同じ統計システムで算出されており，IQとの比較ができる。したがって，適応行動総合点はウェクスラー系の知能検査と同じで平均値100，標準偏差15である。各領域も同じである。下位領域では平均値15，標準偏差3のv評価点が得られる。不適応行動についても，それぞれの領域で平均値15，標準偏差3のv評価点が得られる。前述したように，発達障害，特に，ASDやADHDでは，知能水準から期待される適応行動の水準を大幅に下回ることが多いので，IQと比較できることには大きなメリットがある。このように，Vineland-Ⅱは，適応行動や不適応行動を点数化して示すことができ，また，それをIQと比較できることが大きな長所であり，今後，日本全体に普及し，支援の基本的アセスメントとなることが望まれる。

④感覚や運動のアセスメント

　発達障害では，**感覚の偏り**や**不器用**といった運動面の問題がみられることがある。DSM-5のASDの診断基準にも感覚の過敏さや鈍感さが加えられている。感覚の偏りについては，2015年に**日本版感覚プロファイル**が刊行され，標準

化アセスメントが可能となった。これは アメリカで開発された "**Sensory Profile**™" (Dunn, 1999; Dunn, 2002; Brown & Dunn, 2002) を日本で再標準化したものである。感覚プロファイルには，ITSP 乳幼児版（0 〜 6 カ月児用と，7 〜 36 カ月児用），SP 子ども版（3 〜 10 歳用），青年・成人版（11 歳以上）がある。青年・成人版のみ自己記入形式であるが，SP を用いた 82 歳までの他者評価も可能となっている。実施時間はおおむね 20 分程度である。質問項目数は各版で異なるが，それぞれの項目は 5 段階で回答をする。項目への回答を集計することにより，象限，セクションなどの多角的な観点による標準化アセスメントを行う。感覚プロファイル・シリーズでは標準スコアは得られないが，対象者の状態が標準と比較してどの程度相違があるのかを分類システムによって知ることができる。

　運動については，現在，国際的には協調運動発達に関する質問紙である **DCDQ-R** (*Developmental Coordination Disorder Questionnaire-Revised*) (Wilson et al., 2009) と直接に対象者に実施する検査である **M-ABC 2** (*Movement Assessment Battery for Children-Second Edtion*) (Henderson et al., 2007) が広く用いられている。DCDQ-R は日本語版が開発され，その有用性が示されている (Nakai et al., 2011)。M-ABC 2 は，現在，日本版の開発中である。それ以外に，運動の指導をする理学療法士によって用いられる**日本版ミラー幼児発達スクリーニング検査**（*Japanese Miller Assessment for Preschoolers*: JMAP）（日本感覚統合障害研究会, 1989）と日本版の感覚統合検査である **JPAN 感覚処理・行為機能検査**（*Japanese Playful Assessment for Neuropsychological Abilities*: JPAN）（日本感覚統合学会, 2011）もある。こうした検査が，日本でも広く実施されることが望まれる。

⑤併存疾患のアセスメント

　発達障害は，それぞれの障害がオーバーラップする場合や他の精神疾患を併存する場合が多く見られる。支援のためには，**併存する発達障害やうつや不安障害といった精神症状**などを調べることが重要である。すでに学童期において，不安障害や気分障害などの併存がみられることが明らかになっている。青年期・成人期においては，さらにうつや不安障害などの精神疾患の併存

率は上がるので，こうした併存する精神疾患については，**M.I.N.I.**(*Mini-International Neuropsychiatric Interview*; 精神疾患簡易構造化面接法）（Sheehan et al., 1998）などの構造化面接も開発されており，使用することができる。併存疾患については，精神科医との連携も重要である。

⑥心理社会的・環境的アセスメント

標準化された検査はないが，発達障害の可能性のある人の自己理解や，その人を取り巻く**家族，学校，職場，地域**などについても，アセスメントしていくことが不可欠である。

アセスメントには，適切なツールを選択し**検査バッテリー**を組む必要がある。その際には，アセスメント・ツールの目的，対象，内容をよく理解した上で組み合わせ，対象者の特徴を把握していくことが重要である（黒田，2015b）。

❏フォーマルアセスメントとインフォーマルアセスメント

公認心理師が実施するアセスメントには，標準化され数量的に結果が求められるアセスメント（**フォーマルなアセスメント**）以外に，一般的な面接や行動観察，学業成績などを通したアセスメント，特に家族関係や生活環境などの質的なアセスメント（**インフォーマルなアセスメント**）も必要である。⑥心理社会的・環境的アセスメントは，こうしたインフォーマルアセスメントしかできないものであるが，他はフォーマルとインフォーマルを組み合わせて使うことがよい。また，支援においては，気質やパーソナリティーといったものも把握しておくことが重要である。

フォーマルアセスメントとインフォーマルアセスメントを比較してみると，フォーマルアセスメントの良いところとしては，発達障害の人もその周囲の人も，関わる人すべてに同じ物差しが使えることといえるだろう。数値として出るので，誰が見ても同じ解釈ができ，また介入や経年による変化を数値によって比較できる。ただ，検査項目に限界があるため，項目に含まれないことについては不明のままである。検査によっては，1対1の検査場面という日常生活とは乖離した状況であるという問題もある。インフォーマルアセスメント

表2-1-2：フォーマルアセスメントとインフォーマルアセスメントの特徴 (黒田, 2015aより改変)

アセスメント	長所	短所
フォーマル	・標準化されていて，個人間の比較ができる ・数値で結果が出る ・客観的	・非日常的な場面 ・評価される能力やスキルに限界がある
インフォーマル	・自然な場面 ・能力やスキルだけでなく，興味や関心を把握できる	・主観的になりやすい ・過大評価や過小評価になりやすい ・見ていない人との共通理解が難しい場合がある

は，自然な場面で特徴や問題点を捉えることができるが，評価が主観的になりやすい。どうしても，評価者が自分の見ることのできた行動を評価してしまうため情報が偏ってしまい，長所や短所が強調されすぎてしまう傾向がある（表2-1-2参照）。フォーマルアセスメント，インフォーマルアセスメント双方に長所と短所があるので，適切に組み合わせて使うことが重要である。

発達障害に特化した検査①
ASDのアセスメント

これから学ぶこと

① ASDの一次スクリーニング
② ASDの二次スクリーニング
③ ASDの診断・評価のための検査

2-2-1. ASDの一次スクリーニング

ASDでは早期介入により，社会性などの改善がみられるという複数の報告があり (Dawson et al., 2010; Hayward et al., 2009; Kasari et al., 2014)，近年ますます早期発見・早期支援の必要性に対する認識が高まってきている。特に一次スクリーニングは早期発見に有効であり，日本では **M-CHAT** (*Modified Check-*

list for Autism in Toddlers; 乳幼児期自閉症チェックリスト修正版）（Robins et al., 2001）が最も普及し，1歳6カ月児健康診査（以下，健診）で使われている。ただ，普及は50％にも届かず，妥当性の検証されていない自治体独自のスクリーニング・ツールを使用しているところや，こうしたツール自体を使っていないところも多い。

　M-CHATは対象を16〜30カ月とし，養育者を回答者とする他者記入式質問紙となっている。全23項目から構成され，「はい」「いいえ」の二肢選択で回答し，所要時間は約5分である。標準的なスクリーニング手続きは，子どもの発達の個人差を考慮し，質問紙への回答と1〜2カ月後の電話面接の二段階となっている。実施時間が数分であり，また，費用もほとんどかからないため，地域全体の乳幼児集団を対象として悉皆的に行う一次スクリーニングとして，非常に適している。

　M-CHAT日本語版では，オリジナルの質問紙に，共同注意や社会的参照についてのイラストが追加されている。M-CHATの全23項目のうち，主要な構成項目は，共同注意（大人と注意を共有しながら環境を認知すること），模倣，対人的関心，遊び などの非言語性の対人コミュニケーション行動に関する16項目である。具体的には，共同注意に関しては，「何かに興味を持った時，指をさして伝えようとしますか？」「あなたに見てほしいモノがある時，それを見せに持ってきますか？」「あなたが部屋の中に離れたところにあるオモチャを指で指すと，お子さんはその方向を見ますか？」「あなたが見ているモノを，お子さんも一緒に見ますか？」の質問項目がある。模倣に関しては，「あなたのすることをまねしますか？（例えば，口をとがらせてみせると，顔まねをしようとしますか？）」，対人的関心は，「他の子どもに興味がありますか？」，遊びは，「電話の受話器を耳にあててしゃべるまねをしたり，人形やその他のモノを使って，ごっこ遊びをしますか？」の質問がある。対人コミュニケーション行動16項目のほかに，ASDに特異的な知覚反応や常同行動に関する4項目，言語理解に関する1項目，ダミーとして歩行などの運動に関する2項目も含んでいる。

　また，1歳6カ月児健診で有効な短縮項目について，6: 要求の指さし，13: 模倣，5: ふり遊び，15: 指さし追従，21: 言語理解，9: 興味のあるものを見せに

来る，の6項目がASDの判別において有効であることが示されている（Kamio et al., 2015）。幼児の発達フォローにおいて，1歳6カ月児健診は世界に誇れる制度である。その健診におけるM-CHATの有効短縮項目についての報告は，臨床的に非常に有意義である。1歳6カ月児健診では発達障害のスクリーニングだけでなく運動発達・言語発達・母子関係・栄養・身辺自立・虫歯ケアなど，調べるべき項目は多い。その中で23項目が養育者側の負担にもなるので，少ない項目数で判別力が高いことが望まれていた。

　一方，早期発見のための一次スクリーニングについては，生物学的な指標への関心が高まっている。ジョーンズとクリン（Jones & Klin, 2013）は，アイ・トラッカー（Eye Tracker; 注視点追跡装置）を用いて視線の合いにくさの定量化を試み，視線の動きを調べることで1歳前からASDを特定できると報告している。日本でも，土屋ら（2015）がゲイズ・ファインダー（GazeFinder; 注視点分布計測装置）を開発し，1歳6カ月児健診でASDのリスクのある幼児を把握することを試みている。こうした生物学的指標は，養育者のバイアスがかからないという利点がある。したがって，健診場面での実施における手続きの容易さや精度の高さが保障されれば，今後普及していくものと考えられる。

2-2-2. ASD の二次スクリーニング

a. 対人コミュニケーション質問紙（Social Communication Questionnaire: SCQ）

SCQ（Rutter et al., 2003a）は，二次スクリーニング用の他者記入式質問紙である。SCQは，研究においてASDの参加者を特定するために作成された質問紙であるが，臨床においても有用な検査である。40項目の質問に対し，養育者が「はい」「いいえ」の二肢選択で回答する。回答時間は約10分である。対象年齢は，生活年齢が4歳以上，精神年齢が2歳以上であるが，カットオフ値を修正すれば生活年齢3歳以上で使用できる（Corsello et al., 2007）。項目には，ASDの中核的症状と言語の有無についての質問が含まれる。SCQには，生まれてから現在までについて回答する「誕生から今まで」と現在の状態（過去3カ月）について回答する「現在」の版がある。「誕生から今まで」版では，4，5歳時点に焦点を当てて評価する項目が用意されており，検査時の年齢に関係なくASDの症状が最も顕著にみられる時期の評価ができる。ASDのカットオ

フ値は「誕生から今までの」の版に設定されている。SCQ の限界として，回答者の子どもの行動への認識や記憶が強く影響することが挙げられる。特に評価される対象者が成人の場合，「誕生から今まで」の版の回答が難しい場合もある。

b. 小児自閉症評定尺度（Childhood Autism Rating Scale: CARS）

CARS（Schopler et al., 1986）は，「人との関わり」「模倣」など 15 分野について，ASD の可能性のある児・者の直接行動観察あるいは保護者からの聴取により，専門家が重症度に応じて 1 点から 4 点まで 0.5 点刻みで評定して総合得点を算出し，その得点に応じて自閉症かどうかだけでなく，重症度（軽・中度あるいは重度）も調べることができる。

2012 年に，今までの CARS を CARS2-Standard（CARS2-ST）とし，親や養育者が記入する質問紙（CARS-QPC）と，IQ80 以上の流暢な言語水準の 6 歳から成人までの ASD の評価にも対応する CARS2-High Function（CARS2-HF）が加わった，**CARS2** が開発された（Schopler et al., 2010）。CARS2-HF では，知的に遅れのない対象者に合わせ，評価項目が修正された，「対人関係と感情理解」「変化への適応」など 15 分野について，CARS と同様に採点を行う。T 得点とパーセンタイルが算出でき，対象者の特徴は ASD 全体の中のどこに位置づけられるかを把握できる。アメリカでは，CARS2 は複合的に情報を把握し，ASD 特徴を詳細にみていくことから診断・評価アセスメトに位置づけられている。CARS2 日本語版は，現在標準化作業中である。

c. 親面接式自閉スペクトラム症評定尺度 テキスト改訂版（Parent-interview ASD Rating Scale - Text Revision: PARS-TR）

PARS-TR は日本で開発されたスクリーニング・ツールである（発達障害支援のための評価研究会，2013; 2018）。アセスメント名にも入っているように，養育者に対して専門家が半構造化面接をし，評定を行う。対象年齢は明記されていないが，質問内容から 3 歳以上成人までと考えられる。PARS-TR には幅広い年齢帯をカバーするために就学前（幼児期），小学生（児童期），中学生以上（思春期・成人期）という 3 つの年齢帯の質問が用意され，全問 57 項目

で構成されている。面接時間は1時間弱である。評定者は，ASD に特徴的な行動および困難度を養育者から聴取し，3段階（0＝なし，1＝多少目立つ，2＝目立つ）で評価する。評定不能の場合は，「8」（養育者が現在の状態を把握していない）あるいは「9」（評定可能な生活環境にない場合）をつける。年齢に合わせた項目について現在の症状を評定する。さらに，年齢帯にかかわらず，幼児期ピーク評定（幼児期の症状がもっとも顕著だったときの評定）を行う。評定後，スコア8と9は0点とし3段階評定の数値を加算し，各年齢期の得点と幼児期ピーク得点を算出する。それぞれに ASD のカットオフ値が設定されている。また，各年齢帯に短縮版もあって，ASD の中核的症状と関連する各12項目による短時間での評定が可能で，一般精神科，小児科，療育機関や福祉施設などの臨床現場で使いやすい。ただ，乳幼児や言語のない子どもの場合，言語に関する項目「会話が続かない」「一方通行に自分の言いたいことだけを言う」などが9と評定され0点となるため，カットオフ値を超えない危険性が指摘されている（金原, 2008）。こうした場合には，結果の解釈においては慎重を期する必要がある。

d. 自閉症スペクトラム指数（Autism-Spectrum Quotient: AQ）と児童用ＡＱ

今まで述べてきた二次スクリーニングは，その後の診断面接を念頭におき ASD の特徴があるかどうかを明らかにすることを主たる目的として作られたものであるが，**AQ**（Baron-Cohen et al., 2001），**児童用 AQ**（Auyeung et al., 2008），後述する **SRS**（Constantino & Gruber, 2002）は，DSM-5 の診断基準にも取り入れられた，ASD がスペクトラムであるという仮説を検証するために，あるいはその理論に則って開発されたものである。スペクトラムを仮定した場合，個人の ASD の特性を定量化すると，ASD 群と定型発達群を識別できるだけでなく，ASD から BAP（Broader Autism Phenotype; 自閉症の広域表現型）（Happé et al., 2001）そして定型発達へ連なる連続性も示されると考えられる。これらのアセスメントは，その得点によって，ASD かどうかを判別するだけではなく，定型発達児者の ASD の特徴の個人差を測定することが可能であり，また，診断までは至らない BAP を含むグレーゾーンの位置づけができるという点で，有効である。

AQ は，16 歳以上の知的障害のない児者を対象とする自記式質問紙で，回答時間は約 15 分である。構成は，ASD を特徴づける症状の 5 つの領域，「社会的スキル」「注意の切り替え」「細部への注意」「コミュニケーション」「想像力」について各 10 問からなる下位尺度があり，全体で 50 項目となっている。「あてはまる」「どちらかといえばあてはまる」「どちらかといえばあてはまらない」「あてはまらない」の 4 肢選択であり，各項目で ASD 傾向とされる側に回答をすると 1 点が与えられ，ASD 傾向ではない側に回答すると 0 点が与えられる。得点が高いほど自閉症傾向が強いことを示す。

日本語版については，若林らによる標準化の研究があり，ASD のカットオフ値は 33 点と報告されている（Wakabayashi et al., 2006）。さらに，日本版には，若林らによるものとは別に，栗田らによる **AQ-Japan Version（AQ-J）**も存在し，カットオフ値は 30 点となっている。AQ-J については短縮版 AQ-J-21, AQ-J-10 の妥当性も検討されている（Kurita et al., 2005）。したがって，臨床および研究で用いる場合には，どちらの版を用いているかを必ず確認する必要がある。

児童用 AQ は，構成が AQ と共通で，5 領域からなる 50 項目の質問紙であるが，養育者が記入する他者評価式となっている。児童用 AQ 日本語版は対象年齢が 6 〜 15 歳で，その標準化の研究の結果は，成人用同様，高い妥当性を示している（Wakabayashi et al., 2007）。

e. 対人応答性尺度（Social Responsiveness Scale: SRS）

SRS（Constantino & Gruber, 2002）は，一般母集団を対象とした大規模な調査に基づいて，対人コミュニケーションの障害を定量化したアセスメントで，一般母集団の中でどの水準に位置するかを把握できる。質問項目は，ASD の中核症状に関する 65 項目で構成されており，各項目について，過去 6 カ月の行動にどの程度あてはまるかを 4 段階（あてはまらない，ときどきあてはまる，たいていあてはまる，ほとんどいつもあてはまる）で評定する。養育者や教師など対象者の日常生活や発達歴を知る者が回答者となる他者記入式質問紙である。対象年齢は 4 〜 18 歳，回答にかかる時間は約 20 分である。各項目での回答を自閉症傾向が強い段階の回答から 3 点，2 点，1 点，0 点として点数化し，

65項目の合計得点を T 得点に変換して，社会性の障害が定型発達から自閉性障害までのどの範囲に位置するかが示される。さらに，5つの下位得点（対人的気づき，対人認知，対人コミュニケーション，対人的動機づけ，自閉的常同症）が算出され，それぞれについて T 得点が求められる。

日本語版に関しては，学校などでの一次スクリーニングと医療機関や相談機関などでの二次スクリーニングにおけるカットオフ値がそれぞれ男女別に示されている（Kamio et al., 2013）。アメリカでは，2012年に SRS-2 が刊行されたが，適用年齢が2歳半から成人までに拡大し，学齢期用に加え，就学前用，成人用と成人の自己記入用が加わっている。成人用日本語版のカットオフ値も男女別に報告されている（Takei et al., 2014）。

2-2-3. ASD の診断・評価のアセスメント

二次スクリーニングを経て，ASD の可能性が高まった場合，支援を考える上で，さらに行動の特徴を詳しくみるために評価が必要となる。また，診断においても診断基準があれば正確な診断ができるわけではない。ある行動が診断基準に定められた項目に合致するかどうかの境界線は曖昧で，評価者の判断に委ねられるからである。このため評価者の経験や知識や価値観というバイアスを除外できず，診断の均質性や妥当性が担保されないという問題が生じる。特に軽症例や他の精神疾患の併存例は診断が難しく，誤診が生じやすい。そのため欧米では，DSM に基づいた診断を的確に実施するための診断アセスメント・ツールが1990年代から開発されてきた。なかでも ASD の診断アセスメント・ツールのゴールド・スタンダードとされるのは，**ADI-R**（*Autism Diagnostic Interview-Revised*: 自閉症診断面接 改訂版）（Rutter et al., 2003b）と **ADOS-2**（*Autism Diagnostic Observation Schedule-Second Edition*: 自閉症診断観察検査第2版）（Lord et al., 2012）である。

この2つのツールは，アメリカのロード（Lord, C.）やイギリスのラター（Rutter, M.）など著名な心理学者・児童精神科医のグループによって，診断の妥当性を担保するために研究用に開発されてきたものだが，もちろん子どもや成人の対人コミュニケーションやこだわりの様子を詳細にみることから，臨床的にもきわめて有用である。診断に必要となる情報を系統的かつ効率的に収集

でき，アルゴリズムを使って診断分類ができるため，熟練した精神科医でなくとも高い精度の診断を実現できるというメリットがある。ADI-R は，ASD 児者の養育者を被面接者とし，対象者の乳幼児期から現在までの行動を詳細に聞いていく検査である。ADOS-2 は，ASD 児者本人を対象とする行動観察によるアセスメントで，現在の相互的対人関係と意思伝達能力，常同行動と限局された興味を把握できる。すなわち，ADI-R は「過去の行動特性」から，ADOS-2 は「現在の行動特性」から診断に必要な情報を収集でき，両者は相補的役割を果たしているといえる。

他の診断・評価アセスメント・ツールとしては，前述の **CARS2** や **DISCO** (*Diagnostic Interview for Social and Communication Disorders*) (Wing et al., 2002) があげられる。DISCO は養育者を回答者とする半構造化面接である。ADI-R の質問項目が診断に関するものを中心に構成されているのに対し，より広範囲な症状による困難に関する項目を含んでおり，他の発達障害や精神障害の診断に必要な情報も得ることができる。しかし，アルゴリズムがなく，評価者自身が評価結果を総合し，診断基準を満たすかを判断する必要がある。

a. 自閉症診断面接 改訂版 (Autism Diagnostic Interview-Revised: ADI-R)

ADI-R は，ASD 児者の養育者を回答者とする半構造化面接によって，発達歴や日常生活の行動など ASD 診断に関連する特定領域の情報を収集できるアセスメント・ツールであり，主に幼児期の特性から ASD の診断を判定する。オリジナルの ADI (*Autism Diagnostic Interview*) (Le Couteur et al., 1989) には，面接時間が 2〜3 時間と長く，また対象年齢が 5 歳以上とされていたため早期発見に対応できないという問題もあり，1994 年に改訂版 ADI-R が発表された。ADI-R の面接時間は 90 分〜2 時間に短縮され，対象年齢も 2 歳以上と変更された。検査対象となるのは，一般精神科や小児科から ASD の可能性があるとして紹介されたケース，診断前のスクリーニング・ツールとして開発された前述の SCQ がカットオフ値を超えているケースなど，ASD が疑われる者である。なお，回答者は対象者の養育者とされているが，一般的には母親が多く，両親や祖父母，また施設職員なども想定される。ただ，ASD の症状が最も顕著に観察される 4 歳 0 カ月〜5 歳 0 カ月に合わせて質問項目が作成されているため，

この時期の対象者の行動をよく知る人が回答者として望まれる。

　ADI-R には，ASD 関連行動を中心に，「初期発達」「言語と意思伝達機能」「社会的機能と遊び」「興味と行動」などの領域について，93 項目の質問が用意されている。回答は基準に従って段階評定（主に，0 ＝問題とされる行動はない，1 ＝なんらかの問題がある，2 ＝明確な問題がある，3 ＝明確な問題がありそれが生活上の大きな支障となっている）される。各質問において，**「現在の症状」**および特定の年齢帯で最も異常な場合を中心とする**「過去の症状」**をセットにして把握していく。質問が終わったら，最終的に診断基準に適合する項目から構成されたアルゴリズムへとコードを転記する。アルゴリズムには「A：相互的対人関係の質的異常」「B：意思伝達の質的異常」「C：限定的・反復的・常同的行動様式」「D：36 カ月までに顕在化した発達異常」の 4 領域が含まれる。また，「診断アルゴリズム」と「現在症アルゴリズム」の 2 種類が用意されている。診断は**「診断アルゴリズム」**に基づいて判定され，前述の 4 領域それぞれにカットオフ値が示されている。**「現在症アルゴリズム」**は，養育者が考える子どもの問題を把握したり，介入前後に実施して介入効果を測定したりすることができる。

　ADI-R の限界として，回答者の症状の認識や記憶に依存することが挙げられる。例えば，回答者（養育者）が子どもの症状にあまり気づかないとカットオフ値を超えない。特に対象者が青年期・成人期にあると，回答者（養育者）の記憶が曖昧だったり症状への気づきが少ないために，カットオフ値を超えないことも多い。また，実施時間がやや長く，一般臨床で用いることが難しいという問題もある。なお，研究目的で使用する場合は，研究用研修に参加して資格を取得することが義務とされている。診断精度を担保するため，研究資格は厳密に規定されており，無資格者が ADI-R を使用して研究を実施することは認められていない。

b. 自閉症診断観察検査第 2 版（Autism Diagnostic Observation Schedule – Second Edition: ADOS-2）

　ADOS-2 は，ASD 児者を対象とする半構造化面接を通した行動観察検査であり，相互的対人関係と意思伝達，常同行動と限局された興味の現状を把握で

きる。

　ADOS-2 は，12 カ月の幼児（非言語性精神年齢 12 カ月以上）から成人まで
の幅広い年齢帯を対象とし，年齢と言語水準に応じた 5 つのモジュールから構
成されている。ロードらが作成した自閉症診断観察スケジュール（*Autism Di-
agnostic Observation Schedule*: ADOS，3 歳の言語レベル以上）（Lord et al., 1989）
と，ディラボアらが作成した前言語自閉症診断観察スケジュール（*Pre-Linguis-
tic Autism Diagnostic Observation Schedule*: PL-ADOS; 表出言語のない子ども用）
（DiLavore et al.,1995）が基盤となっている。この 2 つのアセスメント・ツール
は対象年齢によっては診断の感受性や特異度が下がるという問題点が開発者
自らによって指摘されたため，2000 年に ADOS-G として 1 つに統合され，年
齢と言語水準によって 4 モジュールに分けられた（Lord et al., 2000）。その後，
2012 年には，ADOS-G に 12 ～ 30 カ月の幼児に使用できる「乳幼児モジュー
ル」（Toddler Module; モジュール T）を加えた ADOS-2 が刊行された。さらに，
ADOS-2 ではモジュール 1 ～ 3 において，DSM-5 に応じて診断精度を高めるよ
うにアルゴリズムが改定された（Gotham et al., 2008; 2007）。また，ADOS-2 では，
評定方法や実施方法にマイナーチェンジを行ったほか，モジュール T からモジ
ュール 3 までの**重症度（比較得点）**が求められるようになった（Gotham et al.,
2009）。各モジュールの対象は，モジュール T：無言語～ 1，2 語文レベル（推
奨年齢 12 ～ 30 カ月），モジュール 1：無言語～ 1，2 語文レベル（推奨年齢
31 カ月以上），モジュール 2：動詞を含む 3 語文以上～流暢に話さないレベル，
モジュール 3：流暢に話す幼児～青年前期（推奨年齢 4 歳以上～ 15 歳），モジ
ュール 4：流暢に話す青年後期～成人（推奨年齢 16 歳以上）である。実施時
間は，すべてのモジュールで 40 分～ 1 時間である。

　ADOS-2 は対象者の行動や回答内容をみるため，遊びなどの活動や質問項目
が設定された半構造化面接となっている。乳幼児モジュールは 11 課題，モジ
ュール 1 は 10 課題，モジュール 2，3 は 14 課題，モジュール 4 は 15 課題か
ら構成される。年齢や言語発達を加味した課題が設定され，モジュール間で課
題が重複しながら上のモジュールに移行するようになっており，乳幼児期から
成人期までの連続性が保たれている。各課題で観察されるべき行動は複数あり，
特定の働きかけがどのような行動特徴をみるためのものなのか熟知しておく必

要がある。実施にあたっては，観察後の評定を念頭に置きながら把握すべき行動（アイコンタクト，表情，身ぶり，対人コミュニケーション）を記録する。

　観察された行動について，「A. 言語と意思伝達」「B. 相互的対人関係」「C. 遊び／ C. 想像力」「D. 常同行動と限定的興味」「E. 他の異常行動（ASD に併存しやすい多動や不安といった症状)」の5領域を構成する約30項目があり，評定基準に従って段階評定される。一般的な検査と ADOS-2 との大きな違いは，「観察」でみたそれぞれの行動を評定するのではなく，検査全体を通して行動すべてを総合して「評定」する点である。

　さらに評定項目のなかから，現在の診断基準に最も適合する項目が抽出され，診断アルゴリズムが構成される。これを用いて「自閉症」「ASD」「非 ASD」という診断分類（モジュール T では「懸念の程度」で分類）を行うことができる。またモジュール 1，2，3 の**診断アルゴリズム**には年齢と合計得点に基づく変換表があり，ADOS-2 比較得点を算出することで，ASD の重症度を調べられる。

　ADOS-2 の臨床的有用性は，対人コミュニケーション行動を検査場面で最大限引き出せるような課題が設定され，養育者の記憶や子どもの症状への感受性に依存することなく，専門家が直接観察で行動を段階評定できる点である。実際のコミュニケーションの様子を詳細に評価できるという点では，現在，唯一の検査ともいえる。ただ，その一方で，最も重篤だった過去の症状を知ることができないという限界，また反復的・常同的な行動様式や興味の限局の評価は検査場面で観察されにくいため，把握が難しいという限界もある。その場合には，養育者から回答を得る ADI-R などを援用する必要がある。また，ADI-R と同じく，研究目的で使用する場合は，研究用研修に参加して資格を取得することが義務とされている。診断精度を担保するため，研究資格は厳密に規定されており，無資格者が ADOS-2 を使用して研究を実施することは認められていない（黒田，2017）。

3 発達障害に特化した検査②
ADHD と SLD のアセスメント

―― これから学ぶこと ――――――――――――――
① ADHD のスクリーニング
② ADHD の診断・評価のための検査
③ SLD のスクリーニング
④ SLD の診断・評価のための検査

2-3-1. ADHD のスクリーニング

ADHD の特徴を調べる検査では，一次スクリーニングと二次スクリーニングは明確には分かれていない。悉皆的に用いられることが少ないため，発達障害のどの種類になるのかを同定する目的で使われることが多い。したがって，二次スクリーニング検査として考えられるものであり，以下，そのことをふまえて述べていく。

a. ADHD 評価スケール（ADHD-Rating Scale-IV: ADHD-RS-IV）

ADHD-RS-IV（DuPaul et al., 1998）は 5～18 歳までを対象とした，保護者や教師などによる他者評価質問紙である。家庭版と学校版があり，2 カ所での行動を，別々の評価者が過去 6 カ月を振り返って評定する。不注意 9 項目，多動・衝動性 9 項目の計 18 項目で構成されており，各項目は 4 段階（0：ほとんどない，1：ある，2：しばしばある，3：非常にしばしばある）で評定される。評価時間は約 5 分である。合計点がカットオフ値を超えた場合，ADHD が示唆される。また，治療効果の判定にも使用することができる。

b. Adult ADHD Self-Report Scale-Screener (ASRS)

ASRS（Kessler et al., 2005）は 18 歳以上を対象とした自己評価質問紙である。世界保健機関（World Health Organization: WHO）で作成された。評価時間

は，約5分である。6項目からなり，各項目を5段階（1：全くない，2：ほとんどない，3：時々ある，4：よくある，5：非常によくある）で評定する。全くないが0点，(2) ～ (5) は項目ごとに2～5点の範囲で加点され，合計点で評価される。

2-3-2. ADHD の診断・評価の検査

a. コナーズ3® (Conners 3ʳᵈ Edition: Conners 3®)

Conners 3 (Conners, 2008) は ADHD の症状を詳細に評価する質問紙である。「**保護者用**」「**教師用**」「**本人用**」の3つのバージョンがあり，対象年齢は，保護者および教師が評価するフォームは6～18歳，本人による評価では8～18歳である。Conners 3 日本語版は，保護者用110項目，教師用115項目，本人用99項目からなる Conners 3 標準版を翻訳したものである。記入に要する時間は，約30分である。回答する場合は，子どもを最もよく知る保護者，教師が複数で記入することが推奨されており，過去1カ月間の行動について評価する。Conners 3 は，DSM-IV-TR の診断基準に対応した質問紙として開発されたが，DSM の改訂を受けて，2014年に DSM-5 版へとリニューアルされた（日本語版は2017年刊行）。ADHD および ADHD と関連性の高い問題（攻撃性，学習の問題，友人／家族関係，実行機能など）を評価，特定するもので，また ADHD と併存する可能性の高い診断項目である反抗挑発症や素行症も DSM-5 の症状基準に準拠した方法で評価することができるように構成されている。さらに，ADHD と併存することの多い不安と抑うつを対象としたスクリーニング項目も設けられている。このように，Conners 3 は，ADHD の症状やその関連する問題を詳細に評価することで，支援計画の立案，実施，再評価において有用である。

Conners 3 の限界としては，主観的評価であることで，特に自己評価の場合，自らの行動を客観的に把握できなかったり，また，ADHD 者の過度に自己評価を低く見積もる特性が影響する可能性があることが挙げられる。

b. コナーズ成人 ADHD 評価スケール（Conners' Adult ADHD Rating Scales: CAARS™）

CAARS（Conners et al., 1998）は 18 歳以上を対象とした ADHD 症状とその重症度を評価する質問紙である。**自己記入式**と**観察者評価式**の 2 種類からなり、複数の回答者からの情報をもとに包括的に評価を行うことができる。DSM-IV の診断基準と整合性のある尺度で、ADHD の中核症状である不注意、多動性、衝動性のほか、関連する症状や行動を量的に評価する。質問項目は各 66 問、複写式の用紙となっており、短時間で実施可能なため、スクリーニングや症状の経過観察に活用することもできる。フィードバックにおいて、自己評価と観察評価を比較することも有意義である。例えば、成人の中には、自分では不注意症状に困難を感じているが、観察者が気づいていない場合などもある。これは、本人が ADHD 症状を周囲にわからないくらい制御できていることを示すが、実際にはそのために過剰にエネルギーを使っていると仮説できるのである。

c. コナーズ成人 ADHD 診断面接（Conners' Adult ADHD Diagnostic Interview for DSM-IV: CAADID™）

CAADID（Epstein et al., 2001）は、18 歳以上を対象とする、本人への半構造化面接のアセスメント・ツールである。成人の ADHD を診断する際には、現在の症状だけでなく、子どものころに ADHD の症状があったかどうか確認する必要がある。そのため、CAADID では成人期と小児期の両方における症状を尋ねることによって、ADHD を診断できるように構成されている。「**パートⅠ：生活歴**」と「**パートⅡ：診断基準**」に分かれており、それぞれ所要時間は 60 〜 90 分である。パートⅠは、対象者の家庭・学校・職場での様子や、成育歴、既往歴などの生活歴について、「はい／いいえ」または自由記述で回答する。「はい」（該当する）と回答した質問を中心に、検査者は効率的に面接を進めることができる。パートⅠでは、対象者の生活歴を簡潔かつ包括的に把握することが目的であり、背景情報／成育歴の記録、ADHD 危険因子の有無の確認、併存障害のスクリーニングを行う。パートⅡは、成人期と小児期の両方において問題となる ADHD 症状について、**半構造化面接**で確認していく。対象者が DSM-IV の ADHD 基準 A 〜 D に該当するかどうかを判断し、基準 A 〜 D につ

いて評価した後，小児期と成人期それぞれについて，ADHD の診断を行ったうえで，ADHD のサブタイプ（不注意優勢型／多動性－衝動性優勢型／混合型）の評価を行う。CADDID は，ADHD の診断評価として使用するだけでなく，その後の経過を観察するために繰り返し使用することができる。

2-3-3. SLD のスクリーニング

スクリーニング・ツールとしては，**LDI-R**（*Learning Disabilities Inventory-Revised*; LD 判断のための調査票）（上野ら，2005）が挙げられる。質問紙法で，子どもの学習状況を熟知した教師などが評定する。基礎的学力（聞く，話す，読む，書く，計算する，推論する，英語，数学）と行動，社会性の計 10 領域で構成されており，30 分程度で記入できる。小学 1 年生から中学 3 年生まで適用でき，簡便に客観的データを収集できるが，記入者の観察の鋭敏さに依存する点と，要素的な認知能力については把握できない点という限界がある。

ウェクスラー系知能検査や**KABC-Ⅱ**（*Kaufman Assessment Battery for Children*）（Kaufman & Kaufman, 2004）は，SLD のスクリーニングとしても用いることができる。同時に，診断・評価においても非常に有用である。これらの検査では，全体的な知的水準と認知面の偏りを把握できる。WISC-Ⅳと KABC-Ⅱ は検査項目の内容が共通のものもあり，特定の認知面の確認をすることもできるし，また，独自の検査項目，特に，WISC-Ⅳでの「単語」や KABC-Ⅱの簡便な音読と読解検査は SLD の可能性を考えるスクリーニングの役割を果たす。同時に，診断・評価においても直接的に役立つ。また，算数の SLD については，WISC-Ⅳの「算数」や KABC-Ⅱの「数的推論」「計算」などから，その評価をすることできる。

2-3-4. SLD の診断・評価

こうした全体発達と認知上の特徴を把握した後，SLD の可能性のある成人や子どもが困難を抱える学習面について精査する必要がある。ただ，SLD には多くの側面があり，現時点では標準化されたアセスメント・ツールは十分な状態とはいえない。特に**ディスレキシア**（読み書き障害）について考えると，日本語の場合，ひらがな，カタカナ，漢字という 3 種類の表記の読み書きを求

められるため，調べなければならない能力が多岐にわたってくる。したがって，開発されてきている日本語用のツールなどを利用しつつ実際の学力検査なども含めて多角的にアセスメントすることが肝要である。以下に，現在，活用されているアセスメントを紹介する。

　漢字，カタカナ，ひらがな3種類の表記について，それらの音読と書字について評価できる検査は，**STRAW**（*Screening Test of Reading and Writing for Japanese Primary School Children*; 小学生の読み書きスクリーニング検査）（宇野ら，2006）と **STRAW-R**（*Standardized Test for Assessing the Reading and Writing Ability of Japanese Children and Adolescents*; 標準読み書きスクリーニング検査）（宇野ら，2016）である。特に，STRAW-R では，ひらがな単語と非語，カタカナ単語と非語，文章を刺激とした課題を用いて速読課題が構成されている。対象者は小学1年生から高校3年生までである。実施時間は両検査とも，約15分である。ひらがな学習の上で重要な自動化能力を測定する検査の **RAN**（Rapid Automatized Naming）は STRAW-R に含まれている。流暢性の検査としては，『**特異的発達障害 診断・治療のための実践ガイドライン**』（特異的発達障害の臨床診断と治療指針作成に関する研究チーム，2010）がある。しかし，用いられているのがひらがな刺激だけであるためカタカナや漢字の障害には対応が難しい点，書字障害には対応していない点などの問題がある。また，小中学生の読み書き速度を評価し，読み書きが苦手な子どもたちに支援技術等を活用した支援を行うために作成された **URAWSS**（*Understanding Reading and Writing Skills of Schoolchildren*）（河野ら，2013）などもある。一方，受容性語彙力検査としては，**SCTAW 標準抽象語理解力検査**（*Standardized Comprehension Test of Abstract Word*）（宇野ら，2002）や **PVT-R 絵画語い発達検査**（*Picture Vocabulary Test – Revised*）（上野ら，2008）などがある。漢字音読力には，この受容性語彙力が影響する。また，漢字の書字は，視知覚が影響するため，視知覚のアセスメントが必要となる。

第 2 章のチェックポイント

- □ *1.* アセスメントについて，公認心理師としてどのような姿勢が必要か？
- □ *2.* フォーマルアセスメントとインフォーマルアセスメントの違いは？
- □ *3.* 発達障害の包括的アセスメントには，どのような領域のアセスメントが必要か？
- □ *4.* なぜ WISC や WAIS だけではだめなのか？
- □ *5.* ASD，ADHD，SLD に特化した検査についてまとめておこう。

第 **3** 章

公認心理師として実施できる支援方法

発達障害の支援において、公認心理師は広範かつ大きな役割を担うことが期待されています。この章では、アセスメントに基づく支援の要点と方法を紹介します。

1 発達障害のある人をどう支援していくか

これから学ぶこと

①エビデンス・ベースト・プラクティス
　～アセスメントから支援へ～
②公認心理師としてどのように支援ができるのか？
③支援目標の立て方と実践
④支援の開始

3-1-1. エビデンス・ベースト・プラクティス　～アセスメントから支援へ～

　近年，欧米では，**エビデンス・ベースト・プラクティス**（Evidence Based Practice）という言葉がよく使われる。これは，「根拠のある支援」という意味で，支援の方法について客観的にその効果の妥当性と信頼性が示されている方法をとっていくということである。したがって，欧米では，ある支援方法が開発されると，その効果について検証し，研究として発表される。エビデンスのレベルが最も高いとされるのは**ランダム化比較試験**（Randomized Controlled Trial: RCT; 評価のバイアス［偏り］を避け，客観的に治療効果を評価することを目的とした研究試験の方法で，介入群と対象群をランダムに割り当てるといった手法をとる）である。こうした最新の研究にも目を向け，有効な心理的介入方法をとれるようにしていきたい。

　また，筆者は，エビデンス・ベースト・プラクティスには，**アセスメントに基づく支援**が行われることも含まれていると考えている。漫然と支援を続けていくことは許されない。アセスメントが支援の上で欠かせないことは繰り返し述べてきたが，発達障害児者の特性把握やその支援計画を立てるときばかりでなく，目標や方法の見直しをする場合も，アセスメントが必要である。定期的にアセスメントを実施して，目標とした変化がみられているのか，スキルなど

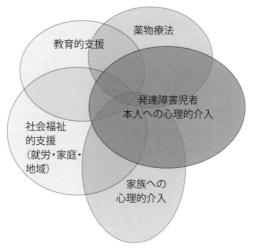

図 3-1-1：発達障害への支援の種類：治療的介入と教育・福祉的支援

の習得ができているのかを客観的に調べていく必要がある。つまり，エビデンスが確認されている方法を用いていても，目の前の発達障害児者に対して有効に作用しているかどうかというエビデンスを確認するということである。もし，そうでなければ，方法や短期目標が適していないとみなし，直ちに見直しをしなければならない。支援効果を確認するアセスメントにおいても，**フォーマルなアセスメントとインフォーマルなアセスメント**を統合して使うことが重要である。フォーマルなアセスメントは，数値で結果が出るので，それを支援の前後で比較することで，支援者が考えている支援効果があったのかどうかを客観的に確認できる。見直しにおいて，発達障害児者本人や家族も入れて検討することも有効である。同時に，日々の支援の検証も重要で，小修整を繰り返しながら支援を実施する（図3-1-1）。支援において，**プラン（計画）・ドゥ（実施）・シー（検証）**が重要であると古くからいわれているが，この基本的な姿勢を忘れてはならない。

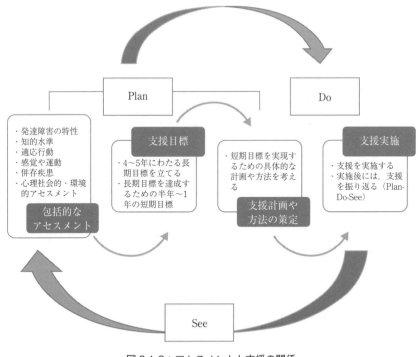

図 3-1-2：アセスメントと支援の関係

3-1-2. 公認心理師として，どんな支援ができるのか？

　発達障害の支援や介入としては，**薬物療法**（医学的介入ともいえる），**発達障害児者本人への心理的介入・家族への心理的介入**があり，また，支援全体から見ると**教育的支援**や**社会福祉的支援**が考えられる（図3-1-2）。薬物療法についてはADHD（注意欠如・多動症）についてはコンサータ®，ストラテラ®などの薬物療法の有効性が示されている。自閉スペクトラム症（Autism Spectrum Disorder: ASD）の治療に関しては，中核症状ではないが強度行動障害に対してリスペリドンなどの非定型抗精神病薬が使用される。また，対人コミュニケーション障害に対してオキシトシン点鼻療法の有効性が報告されており（Watanabe, 2015），将来的には治療法となりえる可能性が期待される。ただ，根本的治療は，現在のところ存在しない。また，薬物療法だけでは長期的にみて問題は解決せず，心理的介入が必須である。一方，全体的な支援で欠かすこ

とのできない，教育的支援や社会福祉的支援の中で，心理士が働くことも多い。また，医療・教育・福祉という多領域や多機関の**連携**を図ることも公認心理師に期待される。このように，公認心理師が発達障害に対してできることは多い。

①心理的介入（本人への支援）

アセスメントによって発達障害だとわかった場合，それぞれの発達障害の特徴に応じた対応をすることが重要である。ASDへの心理療法としては，**TEACCH**（Treatment and Education of Autistic and Communication handicapped Children）や**ABA**（Applied Behavioral Analysis; 応用行動分析）が挙げられる。TEACCHは環境の構造化，つまり時間的・空間的環境を整えることでASD児者の精神的安定と適応行動を促進する。ABAは，先行刺激（Antecedent stimulus: A）と行動（Behavior: B）と後続刺激（Consequent stimulus: C）の関係の中で行動を変容しようとする方法で，A（先行刺激）とC（後続刺激）を操作することで，問題行動を低減させ適応行動を促進するアプローチである。この2つの療法は包括型支援法と位置づけられ，世界の多くの療法の基本となっている。ADHDの場合も，薬物療法だけではなく，環境の構造化や行動調整の心理介入が必要である。ASDでもADHDでも，高機能の児童期以降には，障害についての心理教育も重要であり，ASDでは，不安症状などについて認知行動療法が有効との報告もある。カウンセリングを受けている成人もいるが，その場合は，支持的かつ指示的（現実の対応方法を具体的に指示する）であることが非常に大切で，視覚支援を入れるとさらに効果的である。

心理士は，往々にして自分の得意な介入法をとりがちであるが，そうではなく，発達障害児者の個人に合った方法をとるべきである。つまり，各療法は，対立するものではなく総合的に使っていけばよいものである。公認心理師はいくつかの心理介入法を身につける必要があるし，自分にできないものはスーパービヴィジョンを受けながら学び実践していく，あるいは他の心理士や他職種に紹介したり連携していくことが基本姿勢として求められる。

②家族への支援

　発達障害においては，日々の対応が重要であり，家族の影響は非常に大きい。家族支援で有用なものに**ペアレント・トレーニング**や**ペアレント・メンター**などがある。現在，ペアレント・トレーニングを改訂して地域で容易に実施できる**ペアレント・プログラム**も開発されている。これは子どもの行動に対する母親の認知を変えていくことに焦点を当てている。また，カウンセリングという形で親自身が子どもの対応について，相談を継続していることも多い。特に，子どもが不登校だったり引きこもったりしている場合は，親が発達障害に応じた対応をすることで，子どもが変化することも多く，そのためにも親へ的確な発達障害の知識と子ども独自の特性および，具体的な対応方法を教えることが必要である。

③他職種・他機関との連携

　発達障害の人たちの最終目標は，地域の中で自立して機能的に暮らすことである。そのためには，発達障害児者のニーズに合わせ他職種・他機関との連携が必要となる。公認心理師が唯一の支援実施者ではなく，多職種チームの一人であるという意識も大切である。発達障害には，不器用やコミュニケーションの障害といった種類のものもあるので，医師のみならず，言語聴覚士，作業療法士，理学療法士，保健師，教師，保育士，ソーシャルワーカーなどが協力して関わることが必要である。また，地域での機関連携も必要である。保健所での健診で発見された子どもを療育センターで受け入れてもらったり，学校入学時に適切なプレイスメント（措置）を決定したり，継続的な支援をするために，支援の継続方法や連携方法を検討するなど，地域連携で行うべき課題は多い。

3-1-3. 支援目標の立て方と実践

　発達障害の特性は短所となる場合もあるが，長所になる場合も非常に多い。例えば，社会性が乏しく一人でいることを好むという特徴も，その特徴があるからこそ，自分の興味や関心のあることを極めていくことができるともいえる。アメリカの大学教授で幼いころに ASD の診断を受けているテンプル・グランディン（Grandin, T.）は，「世の中には いろいろなタイプの脳が必要だ」と述

べ，また，「定型発達ばかりであれば人間はいまだに原始的な生活を送っているだろう」とも述べている。つまり，発達障害の人たちの「社会的な活動よりも自分の興味のあることを探求する姿勢」が現在の科学を進歩させており，社交的な脳ばかりではなく，こうした自分の興味・関心を孤高に追い求める人間も社会にとって必要であるということである。発達障害児者にとって，発達障害の特性をなくして定型発達になることを目指すということは決して目標とはならない。発達障害の素晴らしい特徴をなくすのはもったいないとさえいえる。定型発達にはない特性をうまく生かしていく方法や，社会において多数派である定型発達の人たちと暮らしていく上で，なるべく不便がないようにする方法を一緒に考えていくことが支援である。

　第2章で，支援のためには，包括的アセスメントが必要で，以下の6領域を見る必要があると述べた。すなわち，**①発達障害の特性，②知的水準・認知特徴，③適応行動，④感覚や運動，⑤併存疾患，⑥心理社会面・環境面**である。支援においては，まず，①で発達障害の特性を詳細に把握すると同時に，②の知的水準や発達水準，認知特性を確認し，③で現実生活では，どのようなことができており，どのようなことができていないのかを合わせて考えて，本人への支援目標や方法を検討する。もちろん，本人の特性について保護者に対してどのような対応をしてもらうかも助言していく。また，④⑤で問題がみられれば，その対応を，本人への支援の中に入れていく，特に，感覚や運動の問題や併存疾患については，作業療法士や医師との連携を考えていく。⑥では，家庭環境や保護者の教育力，また，学校や職場の環境なども把握する。それによって，保護者にどのようなアドバイスをするのか，また，ペアレント・トレーニングやペアレント・プログラムに参加してもらうのか，福祉的な支援を受けてもらうのかなども考えなければならない。例えば，ASD の特徴を示す子どもがいるとして，まずは ASD のアセスメントを詳細にしていくと同時に，発達水準や知的水準を確認していく。また，ADHD や発達性協調運動症（DCD）などの，併存する他の発達障害の症状の有無や，あればその特徴も評価しなければならない。不安障害などの精神疾患の併存について確認が必要な場合もある。その他，適応行動や不適応行動についても調べていく必要がある。家庭環境や，幼稚園や小学校といった教育環境，地域での生活などを総合して，支援を考え

ていく。

　具体的な支援目標を考えるときには，包括的アセスメントに基づいて，環境まで含めた発達障害児者の包括的な特徴をつかんでから，その人が生きていくうえで何が重要かを考えて支援目標を立てることが必要である。数年単位の長期目標を立て，同時に，それを達成するための半年から1年くらいの短期目標を考える。そのうえで，支援の方法を検討することが特に重要である。具体的な目標と方法の考え方については，できていない行動やスキルをただ引き上げると考えるのではなく，その人にとってその行動やスキルが必要なのかどうかを考えることも重要である。また，スキルの引き上げよりもスキルの多様性を増すことを大切にしたい。年齢によっても目標は変わってくる。年齢が低い子どもの場合は，スキルを伸ばすということに重点が置かれる。スキルを伸ばす場合も，アセスメントで，「もう少しで自立してできそうな行動，少しできているが頻度が少ない行動」が把握されているはずなので，それを中心に介入を行う。

　TEACCH が開発したアセスメント・ツールに **PEP-3**（*Psychoeducational Profile-3rd Edition*）（Schopler et al., 2005）という検査があるが，その中に「**芽生え**」という評定がある。この「芽生え」を支援においては大切にしたい。アセスメント・ツールにおいては，段階評価をされるものがあるが，その場合は部分的にできている，頻度は低いができていることを見ていくのである。例えば，Vineland-II適応行動尺度（Sparrow et al., 2005; 本書 p.40 参照）であれば，0点の項目に注目するよりも，部分的にできている，できるけれども頻度が低いという1点の項目の行動を確実なものにしていくことがよいのである。目標を達成しやすいため，子どもも支援者も自己効力感が高まる。しかし，年齢が上がってくるとスキルを伸ばすよりも，今あるスキルをどう日常生活に活かすかに軸足が置かれる。家族を含めた周囲の人の理解や環境調整といった別の支援方法を考えるということも大切になってくる。本人が相談できるキーパーソンを作ることが重要な場合もある。

　各アセスメント・ツールの評価点を上げるといった支援目標を立てることは，決して発達障害の人の生活を豊かにはしない。その人の人生にとって何が大切であるのかを考えていくことが，支援の基本である。

3-1-4. 支援はいつから始まるのか？

　発達障害の支援について，公認心理師の果たせる役割は大きいと述べたが，では支援はいつから始まっているのだろうか。筆者は，アセスメントを実施しているときから始まっているといっても過言ではないと考えている。例えば，ASD の二次スクリーニング・ツールである **PARS-TR**（発達障害支援のための評価研究会，2013; 本書 p.47 参照）や，診断・評価ツールである **ADI-R**（Rutter et al., 2003; 本書 p.51 参照）を実施していると，質問を聞いた保護者から「〇〇という行動は，発達障害の特徴なのですね。以前から気になっていました」と言われることがある。こうして，発達障害の具体的な行動特徴への理解が始まり，それが支援へとつながっていくことになる。子どもの不可解な行動は，発達障害の特性と考えればよいのだとわかり，「特性として認めよう」とか，「わざとやっているのではないなら許せる」というように，保護者の心情も行動も変わるのである。もちろん，発達障害の特性であるのならば，その対応を知りたいと思う保護者も多いので，それによって，効果的な親教育を始めることもできる。

　ただ，大きな支援への一歩は，なんといっても発達障害児者本人や保護者へのアセスメントのフィードバックだと考える。フィードバックでは，アセスメントの結果を伝えるだけではなく，支援の目標や方法についても述べていくことが重要で，それが発達障害児者本人や家族を安心させる。診断名を伝えられただけでは，発達障害児者本人や家族にとって，その後にどういった対処をすればよいのかも，どういった支援を受けられるのかもわからず，不安を募らせるだけとなる。診断とともに支援の見通しを述べることが必須である。

② 発達障害の支援方法

これから学ぶこと

①包括型支援と標的スキル獲得型支援
②TEACCH
③応用行動分析
④認知行動療法
⑤早期支援

3-2-1. 包括型支援法と標的スキル獲得型支援法

　心理学的介入には，包括型支援法と標的スキル獲得型支援法がある（表3-2-1）。前述のように**包括型支援法**としては，**TEACCH** と**応用行動分析**が挙げられる。この2つについては，後節で詳しく説明する。**標的スキル獲得型支援法**は，1つか2つのスキルの獲得を狙った支援である。表3-2-1には，標的スキル獲得型支援法の代表的なものを示しているが，内容を簡単にまとめると以下のようになる。

・**PECS**（Picture Exchange Communication System: ペックス）：コミュニケーション能力の向上を目標としている。最初は要求を伝えることから始め，絵カードを渡すことで実物が与えられる（交換）という方法をとりながら，複雑なコミュニケーションへと導く。

・**ソーシャルスキル・トレーニング**（Social Skills Training: SST）：社会的に適切な行動を身につけることを目標とする。他者の適切な社会的な行動を見ることを通して学ぶ。適切な社会的スキルをロールプレイなどによって練習したり，フィードバックを経て，指導場面以外でも使えるようにしていく。

・**認知行動療法**：感情コントロールを目標として，認知の修正を行いつつ，行動変容を促す。高機能の ASD に対して非常に有効とされているので，

表 3-2-1：包括型支援法と標的スキル獲得型支援法（Lai et al., 2014 を改変）

包括型	標的スキル獲得型
・構造化（TEACCH） ・応用行動分析（ABA: Applied Behavioral Analysis） 　➤ DTT（Discrete Trail Training） 　➤ PRT（Pivotal Response Training） 　➤ ESDM（Early Start Denver Model）	・PECS（Picture Exchange Communication System） ・ソーシャルスキル・トレーニング ・認知行動療法：感情制御（不安や怒り） ・JASPER（Joint Attention, Symbolic Play, Engagement, and Regulation） ・ソーシャルシンキング ・ペアレント・トレーニング ・ソーシャル・ナラティブ

後節でも解説する。

・**JASPER**（Joint Attention, Symbolic Play, Engagement, and Regulation）：
共同注意，象徴遊び，関わり合い，感情調整という ASD の中核症状の改善を目指す早期支援法である。

・**ソーシャルシンキング**（Social Thinking）：他者の感情認知を高めることを目標としている。何に注目することで相手の感情や考えを理解できるかを，トレーニングを通して具体的に学習する。

・**ペアレント・トレーニング**：発達障害の子どもを育てる保護者を対象に行われる。子どもへの対応を学び，それによって子どもの行動の改善を目標とする。小グループで，数回のセッションで子どもや障害の理解や子どもへの対応方法を学ぶ。

・**ソーシャル・ナラティブ**：社会性を身につけることを目標とする。社会のルールなどを子どもにわかりやすく，文章で説明する。

これらの技法は，応用行動分析から発展したものが多い。また，こうした指導場面や生活場面では，TEACCH の構造化が用いられている。応用行動分析と TEACCH は対立していると考えている専門家が日本にはいるが，決してそのようなことはなく，両者はお互いの方法を取り入れて支援を行っている。

3-2-2. TEACCH

TEACCH は Treatment and Education of Autistic and Communication handicaped CHildren の頭文字をとったものである。1960年代にショプラー (Shopler, E.) によって，ノースカロライナ大学医学部 TEACCH 部門において ASD の特性に合わせて開発されたプログラムである。

ショプラーは，TEACCH の理念と原則として，9項目について言及している。「①理論ではなく子どもの観察から自閉症の特性を理解する」「②保護者と専門家の協働」「③目標は，治癒ではなく自分らしく地域で生きていけること」「④正確なアセスメント」「⑤構造化された指導法の利用」「⑥認知理論と行動理論を重視する」「⑦スキルを伸ばすと同時に弱点を受け入れる」「⑧包括的な見方を重視する」「⑨生涯にわたる地域に基盤をおいた支援サービス」が，その9項目である。9つ中，①と④の2つの項目で，観察やアセスメントの重要性が述べられている。ショプラーが TEACCH を創始したころは，ASD は，当時隆盛を極めていた精神分析的立場から母子関係による疾病と考えられていた。この立場で代表的なベッテルハイム（Bettelheim, B.）は，母親のことを「冷蔵庫のような母」と呼び，母子を分離する治療などが行われた。しかし，ショプラーは，正確な観察とアセスメントを通して，ASD の本質が脳機能障害であることを看破した。ショプラーは，それまで ASD 児に対応した検査がなかったので，1970年代には診断や評価用の検査である **CARS**（*Child Autism Rating Scale;* 小児自閉症評定尺度）を開発したが，現在も，その検査項目は古くなることはなく，全世界で ASD の診断・評価に使われ続けている。この40年間に，アメリカ精神医学会の DSM や WHO が定める ICD といった診断基準の ASD に関する項目は改訂を繰り返されてきたが，観察に基づいた CARS は不変だった。そして，2013年に改訂された最新の DSM-5 では，CARS で当初から入れられている**感覚の偏り**が，診断基準として初めて登場した。40年も前に感覚の重要性に気づいていたショプラーの偉大さを感じずにはいられない。このように，先入観なく，目の前にいる ASD のある子どもや成人を正確にアセスメントすることから，すべての支援が始まるといっても過言ではないし，公認心理師のあるべき姿を示していると思う。

□個別化

　TEACCHの目標は，ASDのある人のそれぞれに合った個別化された支援を提供し，その人たちが地域で自分らしく生きていくことを実現することである。TEACCHは「構造化」がとても有名だが，あえて，TEACCHの基盤は「個別化」であると言いたい。TEACCHが最も大事にする「**個別化**」について述べる前に，TEACCHについてよく聞く不満について考えてみたい。現場の教師や福祉の方から「○○ちゃんには，TEACCHが合わなかった」という話を聞くことがあるが，とても不思議である。なぜなら，TEACCHとは，その子に合わせてオーダーメードの支援をすることであり，TEACCHが今までに理論と実践から作り上げたメソッドに子どもを合わせることは決してないからである。「TEACCHが合わない」ということはそもそもないはずで，例えば，洋服をオーダーしたとき，それが体に合わなかったとしたら，「客が洋服に合わない」と言うだろうか。そんなことは決してなく，「洋服が客に合っておらず，それは採寸の間違いが原因だろう」ということになるだろう。この採寸の部分がアセスメントであり，支援のベースになるものである。採寸が悪ければ寸法の合わない洋服しかできあがらないように，アセスメントが悪ければ，子どもに合った支援をすることはできない。

　したがって，TEACCHでは，アセスメントをとても大事にしており，そのために様々なアセスメント・ツールが用いられ，そのアセスメントによって得られた結果に基づいて，クライエントのそれぞれのニーズに応じたオーダーメードの支援が実現する。

□構造化

　前述したように，TEACCHは創設以来「個別化」を最たる基盤としてもち，その個別化された支援を実現する方法が「構造化」である。「**構造化**」とは，ASD児者にとって，環境を理解しやすく再構成し，不要な混乱をもつことなく安心して過ごせるようにすることであり，その結果，環境から様々なことを学習し，自発的に行動することを促進していく。構造化で伝えるべき情報は，以下のとおりである。①どこで（Where），②いつ（When），③なにを（What），④どれだけ／いつまで（How much），⑤どのようなやり方で（How to do)，⑥終わったら次に何をするのか（What's next）。こうした情報を伝えるのは，ASD 児者は，目に見えないもの，抽象的なことを考えることが不得意だからである。この 6 つの情報を伝えるために 4 つの構造化の方法がある。

(1) 物理的構造化：空間と活動を 1 対 1 で対応されることで活動の見通しを示す，つい立てなどで刺激を遮断する，置き場所や整理する場所を示す

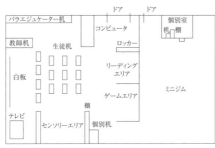

教室全体の構造化：エリアが分けられ，つい立てなどで仕切られている

自立課題のエリア：子どもが集中できる空間になっている

(2) スケジュール：時間という目に見えない流れを視覚化する

アイコンのカードによるスケジュール。活動が終わるとカードは右下の黒い箱に入れる

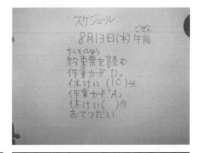

文字によるスケジュール

(3) ワーク（活動）システム：個々の活動の見通しを示す

左から右へと作業が流れるようになっている。左の課題材料を順番にとり，机で完成させ，右の青のバスケットに入れて終了となる

グループでのワーク（活動）システム：活動が終わると，カードを外して「おわり」の箱に入れる

(4) 視覚的構造化：課題や活動のやり方を示す

課題のやり方を示す指示書に従って，ブロックを完成させる

絵と用途の説明をマッチングする課題。見るだけで，課題内容がわかるように工夫されている

　構造化は，苦手なことを補うメガネともいえる。これによって，ASD児者が自立して，その人らしく生きていける。TEACCHの構造化は，1つの技法にとどまらず，後述するDTTやPRTなどを実施する場面でも，環境調整において用いられるものである。さらに，療育，指導や支援を行う施設のみならず，学校や職場など社会一般に応用できる点で，非常に有用である。

3-2-3. 応用行動分析

応用行動分析（Applied Behavioral Analysis: ABA）は，アメリカの心理学者スキナー（Skinner, B. F.）によって創始された行動主義心理学を基盤として発展してきた，行動分析学の一分野である。発達障害への支援だけでなく，教育学，医学，経済学，看護学，スポーツ，産業など多様な分野で活用されている。発達障害に関して，応用行動分析はさまざまな発展をとげ，認知行動療法，ソーシャルスキル・トレーニング，ペアレント・トレーニングといった行動療法の治療体系の一部となっている。

応用行動分析を発達障害に適用し研究でその有効性を最初に明確に示したのは，ロヴァス（Lovaas, I.）である。ロヴァスは **DTT**（Discrete Trail Training; 不連続試行法）を開発した。現在，日本の発達障害の分野で「応用行動分析」といった場合，この DTT を指していることが多いが，応用行動分析はメソドロジーであるため，実際には DTT とイコールではないことに留意が必要である。ここでは，主に DTT の手法について解説する。

1950 年代以降，応用行動分析は，重度の知的障害を伴う ASD 児の療育に大きな実績を示してきたが，この中で開発された効果的な教授法の１つが，DTT である。ターゲット行動をセラピスト（主にスーパーヴァイザーレベルの心理士）が決め，一定時間集中して机に着席してマンツーマン指導を行う。指導法は，セラピストから明確な教示（例えば「これの真似をして」「これは何？」など）や教材提示がなされ，正反応に対して強化し，誤反応や無反応に関しては系統的なプロンプト（介入方法）が提示され，学習を促す。DTT は，スキルの向上，コミュニケーションの増加，問題行動の軽減などを目的としており，ASD 幼児や知的障害を併存する ASD，あるいは，行動障害のある ASD 児者に適した指導方法として，多くの支援法の中に取り入れられている。

DTT は前述したように，基盤を行動主義心理学におき，オペラント条件付けによる行動形成を行う。したがって，「刺激（Stimulus）」と「行動（Behavior）」に着目し，**先行刺激（Antecedent stimulus：A）→行動（Behavior: B）→後続刺激（Consequent stimulus: C）**の ABC を１つの単位として取り出し，刺激の A あるいは C を調整することで，B すなわち行動を変化させていく。ABC の単位を繰り返すことによって，スモールステ

ップで学習を進める。例えば、「コップ」という名前を教えたい場合は、A：コップが提示される→B：子どもがコップと言う→C：「よく知ってるね」とほめられる、という単位を繰り返すわけである。増やすべき標的行動を、あらかじめ適切な反応（正反応）として決めておくのと同時に、不適切な反応（誤反応）の定義をしておく。例えば、表出言語指導の場合、セラピストの示す絵カードに描かれているものを正しく言うことができれば正反応、それ以外の名称を答えたり、絵カードに手を伸ばすなどの他の行動であれば誤反応と決めておくわけである。正反応を引き出すプロンプト（介入方法）についてもあらかじめ決めておく。設定した行動について、一定の学習基準に到達するまで繰り返す。

実際に、DTT を進める上で、以下の 6 つの要素が含まれる。

(1) 環境調整と機能的文脈の設定：子どもとセラピストとは対面して着席する。子どもの注意を、課題やセラピストに集中させるため、机や周囲に子どもの注意をひくものを置かないなど環境を整える。同時に、子どもの適切な参加姿勢を強化し、参加行動を確立する。

(2) A（先行刺激）：試行ごとに、課題内容を明確に示す。教示も一貫した明瞭なものとする。例えば、理解言語の指導であれば、子どもの注意をひきながら、「○○をとって」という教示を明瞭に伝えつつ、絵カードや実物を示す。

(3) プロンプトの提示（必要な場合）：セラピストは、子どもが間違える前に、設定したプロンプトを実施する。

(4) B（行動）の確認：子どもの行動を確認する。

(5) C（後続刺激）：正反応が現れたらすぐに強化する。強化には、**強化子**（反応に随伴して頻度を増加させるために用いるもので、報酬ともいう）を用いる。

(6) 次の試行までのインターバル：新しい課題を提示する前に数秒の時間を置く。その後、(1)から(5)を繰り返す。

実施において用いられる**プロンプト**（課題解決方法を教えるための最低限の介入方法）は、誤学習を防ぐために重要である。ASD の子どもは、一度誤学習すると、それを変更することが難しく時間がかかるので、最初から正しい学習を進める必要がある。誤反応なくスムースに学習を進める**エラーレス・ラー**

ニング（無誤学習）をどう達成するかが要となる。前述のように，プロンプト を用いて，適切な行動を引きだす。プロンプトのレベルは，身体ガイダンス， モデルを見せる，指さし，言語指示などがある。TEACCH で紹介した視覚支 援もプロンプトである。例えば，文字の指導の際に，最初は実線のなぞり線を 引き，次にそれを点線にし，徐々に点線の間隔をあけていくなど，段階的な方 法がある。確実に行動が成立したら，プロンプトを少しずつ減らしていき，プ ロンプトがなくても適切な行動が自立してできるようにしていく。また，適切 な行動を強化する強化子は好きなもの（お菓子や音楽）であったり，人によっ てはほめられることであったり様々である。セラピストは，事前に強化子とな る可能性があるもの（**潜在的強化子**）を用意し提供するが，強化子が強化子た りえるかどうかは，行動が増加しているかどうかによって決まる。幼児にはお 菓子を用いることもあるが，ほめるなどの**社会的強化**へと移行していくことが 重要である。その後，徐々に，課題を遂行すること自体が強化となる**自動強化** にもっていけるように，課題設定を工夫する必要がある。

　現在，北米では**般化**が重視されている。そのため，初期には DTT で指導し， スキル習得がなされたら，それを子どもが自然な環境で使用できるようにな るための指導（Natural Environment Teaching: NET）もプログラム化されてい る。日本では主に DTT が実施されており，般化の困難さが指摘されているが， それは技法の問題ではなく，事前に子どものニーズや学習スタイルに合わせて， 般化を考慮した入念な計画がない状態での実施となっているからだと考えられ る。

　DTT に基づきながら，支援の場として日常環境を設定し，子どもの自発的 な行動に焦点を当てながら支援を進める様々な方法が開発され，その効果が実 証されてきた。例えば，日常的で自然な強化によって発達の中核となる行動 を伸ばしていく**機軸反応訓練法**（Pivotal Response Treatment: PRT）（Koegel & Koegel, 2006），PRT をもとに指導カリキュラムを発展させた**アーリー・スター ト・デンバー・モデル**（Early Start Denver Model: ESDM）（Rogers & Dawson, 2009）日常環境の中に支援機会を数多く設定し，行動を促進する **機会利用 型指導法**（Incidental Teaching: IT）（McGee et al., 1999）などである。これは， DTT に比べ，子どもの興味に沿う形であり，遊びなどのより自然な場面で実

施されることにより効果を上げている。

3-2-4. 認知行動療法

発達障害児者に対して，不安や怒りといった感情のコントロールや，障害理解を含めた自己理解のためには，**認知行動療法**が効果的である。認知行動療法とは，大野（2010）によると，「人間の気分や行動が認知のあり方の影響を受けるという理解に基づいて，認知の偏りを修正し，問題解決の手助けすることによって精神疾患を治療することを目的とした短期の構造化された精神療法である」。不安障害，強迫性障害，気分障害（うつ），摂食障害，統合失調症などの多くの精神疾患に効果があることが実証されている。認知行動療法の主な技法に**曝露反応妨害法**があるが，これは不安の対象を，その強度によって段階的に分け，認知的な捉え方を変えることで克服していく療法である。近年，認知行動療法を ASD の感情コントロール，特に不安のコントロールに応用する研究が発表され，それに伴って，臨床での取り組みも増えている。

ただ，認知行動療法といっても，ASD の特性に配慮したプログラムが必要であり，安易に一般的な曝露を伴う認知行動療法を行うべきではないと考えられる。ASD 児者に曝露を行う場合，不安を感じている自分の認知を変えて克服するというよりも，不安を克服するための対処法をあらかじめ身につけておくことが必須である。また，プログラムの中で視覚的支援を行うことも重要であるし，当然，構造化された環境の中で，認知行動療法が行われるべきである。

また，本人への介入だけでなく，後述する**ペアレント・トレーニング**（本書 p.87 参照）のような，親が子どもの障害や行動を理解し，適切に対応できるようになることを目的とする親教育を並行して行うことが，非常に重要である。

ASD では，不安障害，強迫性障害やうつといった精神症状が併存することがしばしばあるが，特に，不安障害は児童期からみられる。こうした症状に対して，小集団認知行動療法により改善がみられたという報告がある（Sofronoff, 2005, 2007; Wood, 2009; White, 2009, 2013; Sukhodolsky, 2013）。対象は，高機能 ASD の 5 ～ 6 歳以上から小学生くらいまでの子どもで，プログラムの詳細は『アトゥッド博士の〈感情を見つけに行こう〉不安のコントロール』（Attwood, 2004; 辻井監訳, 2008）を参照していただきたいが，6 回のプログラムが実施で

 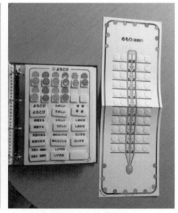

図 3-2-1：The CAT-kit　　　　　図 3-2-2：感情の温度計

きるマニュアルとなっている。同じくアトウッドによる"The Cognitive Affective Training (CAT) -kit"（Attwood et al., 2009）という感情学習をすすめるのに便利な視覚教材もあるので、これを利用することもできる（図3-2-1, 3-2-2参照）。The CAT-kitの使い方については研修を受けることが推奨され、日本ではフロム・ア・ヴィレッジ*で受けることができる。不安と怒りについて取り組む以前に感情学習（自分の感情を認知し、理解する学習）が必要なのは、ASD児者が自分の感情、気持ちや考えに気づけないためである。これは「自己の心の理論（theory of own mind）」の障害といわれる（Williams, 2010）。

　具体的な方法について、小グループ、6回1クール（1回2時間）の方法を紹介すると、各回で感情や不安に気づいた後、どのようにそれに対応するかを学べるようになっている。最初は、感情プログラム自体に拒否感を持たないようにするために、ポジティブな感情から始める。したがって、第1回目のセッションでは、幸せについて考えていく。どのような状況で幸せを感じたか、経験を通して考え、同時に、そのときの身体反応も思い出す。後半の回で、不安についても、それが起こる状況やそのときの身体反応を考えていく。不安についても視覚化して、強いものから弱いものへと序列化して理解していく。その

---

*フロム・ア・ヴィレッジ「感情コントロール The CAT-kit 指導法セミナー」http://www.from-a-village.com/catkit-seminar.html

表 3-2-1：各セッションの内容

	内容
第 1 セッション	幸せについて考える。どのような状況で起こるのか，そのときの身体反応はどうかを理解する。
第 2 セッション	不安（感じる状況とそのとき感じる身体症状）と感情の道具箱についての紹介。
第 3 セッション	感情の道具箱についてのワーク（交流の道具，考えることの道具，そのほかの道具，おかしな道具）を通して，使い方を学ぶ
第 4 セッション	感情の幅や強さを学ぶ（感情の温度計の説明もする）＆グループで不安をコントロールできた方略や道具を共有する。
第 5 セッション	ソーシャルストーリーを感情コントロールのためにどう使うか＆良くない考えをどう消すかの方法
第 6 セッション	不安をマネージメントするプログラムの確認

ときの身体反応に気づくと同時に，その発散方法について学ぶ。このプログラムの特色としては，感情コントロールのコーピングスキルを道具にたとえて「運動の道具」（ランニングなどの運動による対処方法），「リラックスの道具」（寝る，お茶を飲みといったリラックスによる対処方法），「交流の道具」（家族に愚痴を言うなど，対人交流による対処方法）などと名付け，それらが「感情の道具箱」の中にあると視覚的に示される。こうすることによって，子どもにも理解しやすく，また，対処方法を身につけやすくなっている。

　グループの進め方としては，子どものグループなので，参加する子どもたちが楽しめる活動が考えられている。感情の強さを表すのに，実際のロープの上に立って表すというゲームをしたりする。ロープの一方の端が「少しうれしい状態」で，もう一方の端は「とてもうれしい状態」として，今のどのくらいうれしいかを実際に立って示す。また，感情の強さを数値で示すという工夫もされている。子ども一人ひとりにワークブックが用意されており，それに記入してから発表するという形で，グループは進行していく。これは，話をすることが苦手な子どもにとっても，発表が楽になるうえ，活動をふりかえったときに自分が何を考えて発表したかがわかる。

　第 1 セッションの最初には，自己紹介の時間があるが，そのときも，自分の好きなもの，長所，得意なことなどポジティブなことを取り上げて話す。この場合も，ワークブックに記入してから発表する。各回の内容は表 3-2-1 のとお

表 3-2-2：1 回のセッションの流れ

時間	内容
5 分間	あいさつ
30 分間	ASD の特性などについての講義とワーク
10 分間	リラクセーション
40 分間	ワークとディスカッション〈話題：感情〉 第 1 回：ASD について 第 2 回：よろこび 第 3 回：安心感 第 4 回：親しみ 第 5 回：不安 第 6 回：怒り 第 7 回：怒りへの対応 第 8 回：コーピングスキル
5 分間	クールダウン（リラクセーション）

りであるが，行動を定着させるために，その回でやったことについての宿題が毎回出される。

　アトウッドによる子どものための認知行動療法のマニュアルを中心に紹介したが，これ以外に，アメリカでは，"Facing Your Fear"（Reaven et al., 2011）というプログラムも開発され，それに基づいた不安への認知行動療法が，研究的な検証をしながら実施されている。日本では，明翫や筆者らの試みもある。明翫の開発したプログラムについては，『発達障害の子の気持ちのコントロール（6 歳児から使えるワークブック）』が刊行されている（辻井, 2018）。筆者らのプログラムは，成人向けのもので，The CAT-kit を用いて感情に気づいたり，ネガティブな感情である不安や怒りをコントロールする方法を身につけたり，自己理解を進めるプログラムである。小グループで実施し，全 8 回である（Kuroda, 2013）。その 8 回の内容を表 3-2-2 に示す。成人の場合も，基本的には子どもと同じで，ポジティブな感情から始めていき，徐々に不安や怒りについて考えていく。

　また，自分の感情に気づいたりコントロールすることばかりでなく，他者の感情や考えに気づくということを目標とする認知行動療法もアメリカで開発されている。Social Thinking といわれるもので，指導書の日本語版『ソー

シャルシンキング：社会性とコミュニケーションに問題を抱える人への対人認知と視点どりの支援』も刊行されている（Winner, 2011; 稲田・黒田監訳, 2018）。自分のふるまいや言葉が他者の思考や感情にどのように影響を与えているのか，また他者の思考や感情をどのように変えていくことができるのかについて，アクティビティを通してスモールステップで丁寧に教えていくためのメソドロジーが書かれている。認知行動療法は，高機能 ASD 対して効果的であり，ぜひ公認心理師として身につけたい技法である。

3-2-5. 早期支援：JASPER

アメリカでは ASD への集中的な早期介入の効果が報告されており（Dawson, 2010; Kasari et al., 2010），早期発見・早期介入の重要性が広く認識されている。しかしながら，日本では，早期介入について，効果検証がされたエビデンスのある方法が使われているとはいいがたい。アメリカで開発され効果が報告されている **DTT**（Discrete Trial Teaching; 不連続試行法），**PRT**（Pivotal Response Treatment; 機軸反応訓練法）や **ESDM**（Early Start Denver Model; アーリー・スタート・デンバー・モデル）による介入がごく一部で行われているが，実施できる心理士が限られており，ASD の幼児全体に対応するのは不可能な状態である。また，ASD の特性として，**般化**の困難が挙げられる。ASD の場合，あるところで学んだ内容を別の場所や場面で柔軟に応用することが難しい。この特性は幼児から成人に至るまで一貫しており，特に ASD 幼児の場合，こうした傾向が大きい。したがって，ASD 幼児が療育センターなどの専門機関で学んだことを，日常の保育園や幼稚園で般化し行動に移すことは非常に難しいといえる。この般化の問題は，今までアメリカで開発された DTT, PRT, ESDM などのプログラムにおいても共通する問題となっている。

こうした般化の問題に対応した，地域ベースで行える早期介入として，筆者は，**JASPER プログラム**に注目している。JASPER（ジャスパー）は，Joint Attention（共同注意），Symbolic Play（象徴遊び），Engagement（関わり合い），and Regulation（感情調整）の頭文字をとったもので，カリフォルニア大学ロサンゼルス校（UCLA）のカサリ（Kasari, C.）教授らが自閉スペクトラム症の子どもへの介入法として開発したものである。Naturalistic Developmental

Behavioral Intervention（NDBI; 自然な発達的行動介入）といわれる方法の１つ
で，子どもにとって自然な文脈の中で発達支援を行っていく。セラピーは遊び
の形態で行われ，共同注意，象徴遊び，相互的な関わりと感情調整に焦点を当
てることで，ASD の中核的障害である，対人コミュニケーションの障害の改
善を目指すものである。対象は，１歳代から小学生くらいまでであり，比較的
広い年齢層に適用できる。具体的には，関わりをもちやすい遊びの場を設定し，
共同注意や要求行動を促進しその多様性を増やすと同時に，相互的な関わりの
中で他者へ自発的に関わっていけるように，またその関わりを維持できるよう
に支援する。さらに，遊びのスキルも向上させていき，ASD において苦手と
される**象徴遊び**を育てていく（Kasari et al., 2014）。個別のセラピーに加え，家
庭で保護者が実施したり（Kasari et al., 2010; 2015; Shire et al., 2016），幼稚園で
教師などによって実施されている（Goods et al., 2013; Shire et al., 2017）。

　JASPER も，子どもが適切な行動をした場合，それを大人がまねる
（imitation）ということを行う。今までの療育方法では，子どもが大人の真似
をすることを求められることが多かったが，逆のシチュエーションになると
いうことにより，子どもは自発性を認められたと感じると推察できる。これ
が，子どもの自尊心を高め，自発性を高める働きをしているようにみえる。ま
た，JASPER はいち早く，幼稚園という子どもの生活の場に応用され，その効
果も報告されている。ASD の子どもは，学んだことを般化させることに大き
な困難があることを考えると，日常生活の中で実施されているところも，大き
な効果をもたらしているといえる。

❑ JASPER の具体的な方略

　⑴　環境設定：JASPER を実施する場所について，慎重に環境設定を行う。
遊びの空間を構造化する（遊ぶ場所がよくわかるように，敷物を敷く，椅子と
テーブルを置くなど，おもちゃをすぐ取れる位置と，少し離れた位置に置くな
ど）。また，実習中も，常に子どもへの刺激の大きさを考えながら，おもちゃ
を片付けたり提示したりする。同時に，子どもの遊びの水準の把握も行う。子
どもの遊びの発達は通常のマイルストーンで考えていき，ピースを容器に入れ
る，型はめパズルをはめるといった単純な遊びから象徴的遊びへと連なる遊び

図 3-2-3：ケーキ遊びのルーティンの形成

図 3-2-4：コミュニケーションの基本姿勢

のどの水準であるかを把握する。

(2) 模倣とモデリング：子どもの自発性を尊重するため，子どもが何か適切な遊びをすると，大人はすぐにそれに反応して同じ遊びを繰り返す。子どもが遊びを自発的に始められない場合は，大人がモデルを示し，子どもがモデルを取り込んで遊べば，大人はすぐに子どもの模倣をする。こうして相互的なやりとりを作っていく。

(3) プレイ・ルーティン：単純遊びから象徴遊びの水準までを含む遊びのパターンを作る。例えば，ピースに分かれるケーキのおもちゃを用意し，①ケーキのピースを組み合わせるという初歩的な遊び（単純遊び）→②ケーキにトッ

ピングをするという機能的な遊び（組合せ遊び）→③できたケーキを子ども自身が食べるという，子どもが主体となったふり遊び（**前象徴遊び**）→④お誕生日会で人形がケーキを食べるという，人形が主体となったふり遊び（象徴遊び）で，ケーキ遊びのパターンができあがる（図3-2-3参照）。発達障害の子どもでは，象徴遊びをすることが苦手な子は多いが，こうしたパターンを増やし，組み合わせることで，できる遊びを増やし，その多様性を増やしていく。

(4) 拡大：遊びにおいて，新しいステップをすでにあるルーティンにつけていく。具体的には，現在の遊びの水準と，遊びの次の段階の水準を入れていくが，両方がとても重要である。拡大のタイミングは，遊びのルーティンが確立したときや子どもが1つのルーティンに飽きてきたときである。遊びのルーティンどうしを結合し，より複雑なルーティンを作る。

(5) 対人コミュニケーションの促進：子どものコミュニケーションを，単語から長い発話へと指導していく，また，ジェスチャーについても指導する（図3-2-4参照）。発話やジェスチャーが機能的であることも大切にし，自然な文脈の中で教えていく。そのために，セラピストは，子どものコミュニケーションへの反応性を高め，モデルを示し，発話のある子どもに対しては，話題を拡大する。具体的な方法としては，①子どもの話している長さで話す（例えば，単語で話す子どもには単語で話す，2語文で話す子どもには2語文で話す），②具体物と単語をしっかり結び付けて教える，③子どもの発声の真似をするのではなく，子どもが発声したときに，それを正しい言葉でフィードバックする（例えば，子どもが「あけて」の意味で，「あ」と言えば，「あけて」と単語で返していく），④コミュニケーションのペースだが，子どもが自発的に話せるように適切に間をとり，待つ，⑤大人から「できる？」「好き？」といった質問はせず，子どもからのコミュニケーションに応えたり，真似をすることに徹する。こうした指導法をとるため，セッション全体の子どもへの声かけは多くない。子どもがした行動について，ほめたり言葉で表現することはない。ただ，大人側が行動しているときは行動を言葉で表現する。例えば，パズルで，「入れるよ」と言いながらピースを入れるのである。

(6) 共同注意や要求行動を引き出す：子どものコミュニケーションに言語，ジェスチャー，行動，いろいろな方法で応えていく。応え方は以下のとおり，

①自発の共同注意行動が出た場合の対応は，例えば，指さしをすれば指したものをとってあげるなど，②自発の共同注意がない場合，モデルを示す（指さしを示したり，子どもの手をとって指さしをさせる，手渡しのジェスチャープロンプト，「見せる」のジェスチャープロンプト，モデリングだけでは不十分なときには意識して機会を作っていく），③自発的な共同注意が出るように期待しながら「間をとり－待つ」，④要求行動の形成には選択場面を設定し，指さしや手を伸ばす行動を促進する。

　以上の6つを組み合わせて，「関わり合い（Engagement）」「コミュニケーション」「遊び」の水準を引き上げて，これらを融合していくことでJASPERスキルを育てていく。

　最後のRegulation（感情調整）であるが，ASD児は，感情調整が難しく，セッション中にパニックになったり，自己刺激的な行動をしたり，楽しいわけでもないのに笑ったりすることもある。こうしたときには，以下のような方法で，子どもの感情調整を行う。

　(1)　環境の評価：おもちゃが多すぎたり近すぎたりする，つまり刺激が多すぎて，子どもが混乱していないかどうかを考え，環境を調整する

　(2)　選択を与える：おもちゃや遊びを選択することで，意識を遊びに戻す

　(3)　遊びのモデル：セラピストが遊びのモデルを見せることで，意識を遊びに戻す

　(4)　対人的な調整：手遊びなどの対人的遊びを使って落ち着かせる

　目標設定においては，子どものASD特性や発達水準等を調べるために，ADOS-2（自閉症診断観察検査第2版）や**ムレン早期学習検査**（*Mullen Scales of Early Learning*）以外に，簡便な**SPACE**（*Short Play and Communication Evaluation*; 子どもの遊びの水準と共同注意や要求のスキルをアセスメントする）という独自に開発した検査を用いる。

3-2-6. 家族（親）へのアプローチ

　子どもの示す発達障害の症状は基本的には親の育て方によるものではないが，親が周りからの援助を受け，接し方を変えることにより子どもは変わっていくという観点から，**ペアレント・トレーニング**という方法が開発されている

(Whitham, 1991)。

　ペアレント・トレーニングは，親に発達障害の特性の理解を促すとともに，対応を教えていこうとするものである。発達障害の支援において，本人への直接支援と同じくらい重要といえる。臨床の中で，発達障害の人の自己評価に，親の子どもへの評価が大きく影響していると感じる。発達障害の症状がかなり重く，社会性が乏しく実際生活がうまくいっていない人でも，親が，発達障害の特徴を子どもの個性として，ときには，その個性をユニークでかわいいと受けとめてくれれば，自己評価は高く保たれる。一方，無理に「普通の子ども」にしようと叱咤激励して育てると，自己評価の低い自信のない人に成長する印象をもっている。こうした子どもや成人に出会うと，発達障害の特徴の支援の前に，その自己評価を回復させることに苦労するし，回復が大変難しく，そのためにその人の生活や人生に様々な問題が生じている気さえする。社会性の乏しさという症状以外にも，多動であることで常に叱責を受けたり，ときには体罰を受けているような子どもにも，やはり自己評価の低さや，大人全体への不信感がみられる。発達障害の子どもは，いじめにあうことも多い。子どものころは通常学級に通い，成人期になって診断を受けたというASD成人100名ほどに，いじめについて尋ねたことがあるが，90％以上がいじめを受けたと話した。ただ，こうしたいじめがあっても，親に絶対的に受け入れられているという気持ちは，自己肯定感をあまり低下させることはなく，また，心の根底に人間への信頼感が育まれているように感じる。

　これほど親子関係は，発達障害の人にとって大きな影響があるので，子どもへの対応に関して，親支援を行うことは非常に重要といえる。親支援には，現在，**ペアレント・トレーニング**（以下，ペアトレ），**ペアレント・プログラム**（以下，ペアプロ），発達障害についての心理教育，個別の子育てに関するカウンセリング，ピアカウンセリングであるペアレント・メンターなどの方法がある。ここでは，ペアトレとペアプロを比較しつつ，ペアトレの基盤としてのペアプロの役割について，考えてみる。

　現在，日本で実施されているペアトレにはいくつかの種類があるが，その共通点は，子どもの「行動」に焦点を当て，応用行動分析に基づいた「子どものよい行動は強化する」，反対に「好ましくない行動は弱化または消去する」と

表 3-2-3：ペアレント・トレーニング内容

第1回	行動を3種類に分ける（子どもの行動を、「好ましい行動」「好ましくない行動」「危険な行動や許しがたい行動」の3種類に分ける）
第2回	肯定的な注目を与える（好ましい行動を増やすために、肯定的な注目を与えることを学ぶ）
第3回	好ましくない行動を減らす①：じょうずな無視の仕方（子どもが好ましくない行動をしたときの無視の仕方を学ぶ）
第4回	好ましくない行動を減らす②：無視とほめるの組み合わせ（無視した後にどうほめるかを学ぶ）
第5回	子どもの協力を増やす方法①：効果的な指示の出し方①
第6回	子どもの協力を増やす方法②：効果的な指示の出し方②
第7回	子どもの協力を増やす方法③：よりよい行動のためのチャート（BBC: Better Behavior Chart）（朝の忙しい時間帯や夜寝る前の時間帯など一定時間にやってもらいたい行動を5、6個書き出したリスト）を作成して、よい行動を増やす
第8回	制限を設ける（許しがたい行動に対して、タイムアウトなどの制限の設け方を学ぶ）
第9回	学校や幼稚園・保育園との連携について話し合う
第10回	これまでのふりかえり

いう方法を用いることである。また同時に、子どもとの肯定的なコミュニケーション、好ましい情緒的体験によって親子関係を変えていく、心理療法的な関係改善アプローチも取り入れられている。

　応用行動分析（本書 p.76 参照）で述べたが、子どもの困った「行動（Behavior）」について考えるとき、その行動の前には引き金となる状況（刺激）である「先行状況（Antecedent）」と、「行動（Behavior）」の後には、怒られるといった「結果、後続刺激（Consequence）」が伴う。これをそれぞれの頭文字をとって ABC 分析と呼ぶが、親もこうした分析をしながら、積極的に子どもの行動に関わり、行動の変化を促す。筆者自身が実施している**精研式**

表 3-2-4：ペアレント・プログラム内容

第 1 回	現状把握表を書く（子どもと自分の行動について，「よいところ」「努力しているところ」「困っているところ」に分けて整理する）
第 2 回	行動で書く（現状把握表の精緻化とよいところを見つける）
第 3 回	同じカテゴリーを見つける（個々の行動の共通点を見つけ分類することで，得意な領域と苦手な領域を知る）
第 4 回	ギリギリセーフを見つける（困った行動であっても，なんとかなっている理由を考える）
第 5 回	ギリギリセーフをきわめる（どうしても解決しない困った行動について，分析していき，少しでもうまくいく条件を考える）
第 6 回	ペアプロで見つけたことを確認する

　のペアトレ（上林，2009a; b）では，全 10 回のセッションで，子どもの行動を「好ましい行動」「好ましくない行動」「危険な行動・許しがたい行動」に分け，「好ましい行動」についてはほめて定着させたり増やしたりしていこうとする。そして，「好ましくない行動」は，注目しないことや指示とほめることを組み合わせることによって，減らしていく。ほめ方を習うだけではなく，宿題という形で実生活の中で子どもをほめることを実践してもらう。10 回のプログラム内容を表 3-2-3 に整理した。最初は，「好ましい行動」に注目することから始め，徐々に「好ましくない行動」や「許しがたい行動」についての対処方法を学ぶようになっている。

　一方，ペアプロ（アスペ・エルデの会，2016）は，ペアトレの統一モデルの開発の中で，ペアプロに導入する前の段階で実施するプログラムとして生まれたものであり，心理士だけでなく，子どもに関わる専門職なら誰でもがファシリテーターとしてグループを実施できることを目指している。親の認知を変えることに重点が置かれていて，実際の子どもの行動を変えることは目的となっていない。子どもの行動をみることを学び，良い行動とは，「人より優れているとか一番であることではなく，適応行動である」と，親の認識を変えてもらうことに重点が置かれる。親が身につけるスキルとしては，効果的に「ほめ

る」ことのみである。子どもの行動を整理する現状把握表（行動を，「よいところ」「努力しているところ」「困っているところ」に分ける）を通して，子どもの「よいところ」に気づき，それをほめていくという非常にシンプルなプログラムである。ペアプロは全6回だが，そのすべての回で子どもを「ほめる」ことのみに集中する。ペアトレでもペアプロでも，子どもの行動を分析すると述べたが，ペアプロのもう1つの特徴として，子どもだけでなく，親自身の行動の分析を行う。それを通して，多くの親は，自分がいかに頑張っているかに気づく。発達障害の子どもを育てていたり，子育てが苦手・重荷と感じたりしている親は，子育ての自信を失っている場合も多い。その自信を取り戻すことで，子どもに積極的に関われるようになる。全6回の内容は，表3-2-4に示した。ペアプロも，最初は良い行動からほめることを実践していくが，努力している行動も困っている行動についても，それらの中のよいところを見つけて，ほめていくという方法をとる。

　さらに，両者ともグループで実施するが，親のグループ内での関わり方が異なっている。ペアトレもグループで実施され，その中で，ファシリテーターを中心に，ロールプレイをしたり，お互いの経験や宿題の報告を語り合ったりする。その中で親自身が受け入れられているという感覚を持つようになるが，親同士のつながりよりもファシリテーター対親個人という関係が強い印象がある。ペアプロの場合は，ファシリテーターは黒子であり，基本的には親同士のペアが活動の中心となってプログラムが進行していくといっても過言ではなく，お互いに悩みを言ったり，うまくいった経験を話してアドバイスをしあったり，みんなの中で話すのが苦手な人も気軽に自分の意見を言えるようである。このペアでの話し合いが基本になっていることも，親の自己効力感を上げていると考えられる。

　この2つには共通点も多く，特に，宿題で子どもへの関わりを定着させるという点がある。ただグループに参加するだけでは，親の行動を変えたり，その効果を実感することはできないからである。

　ペアトレとペアプロの両方を実施してみて，ペアプロの「子どもを行動のレベルで把握し，そのよいところを発見し，それをほめること」を実施できるだけでも，多くの親子の問題は解決すると思う。これを幼児から実施していれば，

それ以上のことは必要ないと考えられる。幼児期に実施できなかったために，問題が複雑化してしまった親子や子どもに対して，ペアトレが必要となるのだと思う。そういう意味では，ペアプロは，発達障害の子どもを育てる親だけでなく，子育てに悩む親の誰でもが，気軽に受けられるとよいプログラムだと考える。

第3章のチェックポイント

- [ ] *1.* エビデンス・ベースト・プラクティスとはなにか？
- [ ] *2.* 発達障害（特に自閉スペクトラム症）の包括型支援法を2つ挙げ，その特徴をまとめてみよう。
- [ ] *3.* 親支援にはどのようなものがあるか，その特徴と重要性をまとめてみよう。
- [ ] *4.* 発達障害の認知行動療法の効果と特徴をまとめてみよう。
- [ ] *5.* 発達障害の早期支援の重要性と特徴をまとめておこう。

第4章

事例で考える
アセスメントと支援方法

この章では，これまで学んできた診断基準や各障害の特徴，アセスメントの方法，そして支援方法を総合していく力を，事例を通して養いたいと考えます。

―――はじめに―――

　本章には，年代に合わせて５つの架空事例が示されている。まず事例を読んで，その後，「考えてみよう」の設問にそって，自分なりの考えをまとめてみよう。

　設問は以下のような内容である。

□　どのような障害が予測（仮説）できますか？
□　その予測（仮説）を確認するために，どのようなアセスメント・バッテリーを組みますか？
□　リファー先を含め，その後の支援として，どのような方法を考えますか？
□　地域連携として，何を考えますか？

　自分なりに考えてから，それぞれについての解説を読んで，自分の考えたものと同じだったのか，どこが違ったかを確認してもらいたい。そして，違った原因を考えてもらいたい。それによって，今後，発達障害児者に臨床で出会った場合の力になると考える。アセスメント方法や支援方法は，地域のリソースによって違ってくるので，あくまでも例として参考にしてほしい。また，技法や地域支援を使用するにあたり，まずは心の専門家として，発達障害児者本人やその家族の心に寄り添うということを必ずしてほしい。その前提の上で，具体的な支援が展開されることがなによりも重要である。

事例 1　保健センターで働く公認心理師だったら
～乳幼児健康診査での発達のチェックやそのフォローアップを担当する場合～

　タロウちゃんは，１歳10カ月の男の子。地域の保健センターの１歳６カ月児健康診査（以下，健診）で，同センターが以前から使っている問診

表による保健師との問診で，言葉は2語（アンパンマン，バイキンマン）があり，絵本を見ながらの「犬はどれ？」の質問に手で犬を押さえたため，既存の基準では問題なしとなった。

しかし，この地域の保健センターが新しい試みとして健診に導入したM-CHATでは，全23項目中5項目が不通過であった（3項目以上でフォローアップ対象）。そのため，担当の公認心理師が不通過項目を直接チェックし，母親の話を聞いたところ，言葉があまり出ないことや自分のことを「ママ」と呼んでくれないことを心配していた。M-CHATの結果に基づいて，3カ月後のM-CHATの第二段階スクリーニングである電話面接をする約束をした。その電話面接においても不通過項目数に変化がなかったため，フォローアップで2週間に1回，心理相談に入ることになった。

心理相談の中で，1歳10カ月になったタロウちゃんの行動観察をしたところ，タロウちゃんは公認心理師が何度も名前を呼んでも反応がなかった。母親に呼んでもらうと，2回目には母親のほうを見たが，嬉しそうな表情をしたり，「なに？」といった表情の変化を見せることはなかった。視線は合いにくかったが，公認心理師のことは見ていて，積み木を積んでみせると真似をして積んでいた。好きな『きかんしゃトーマス』の絵本を見せると一緒に見て，「トーマス」「でんしゃ」ときれいな発音で話した。ただ，他者に教えるといった感じはなく，ひとり言のように話していた。母親から簡単に発達状況を聞いたところ，定頸3カ月，始歩11カ月，始語は1歳5カ月のときで，「でんしゃ」だった。

家族は，両親と4歳の姉である。姉に比べて言葉の発達が遅いことや，だっこすると反り返って嫌がることなど，いくつか心配なことがあったが，男の子だからだろうと考えていた。ときどきひどく怒って泣いたりするが，言葉で言えないため，要求がわからず困っている。

●考えてみよう●

□ どのような障害が予測（仮説）できますか？
□ その予測（仮説）を確認するために，どのようなアセスメント・バッテリーを組みますか？
□ その後の支援として，どのような方法を考えますか？
□ 地域連携として，何を考えますか？

□予測（仮説）

1歳半で発見される発達障害としては，自閉スペクトラム症（ASD）あるいは知的障害が主に考えられる。M-CHATの結果や行動観察・聴取内容から考えて，ASDの可能性が高い。

□仮説を確認するためのアセスメント・バッテリー

・発達水準の確認のために新版K式発達検査を実施する。
・ASDの症状については，子どもへはADOS-2乳幼児モジュール，母親へはADI-RあるいはPARS-TRを実施する。
・日常生活でのコミュニケーションや自立的な行動を調べるため，Vineland-Ⅱ適応行動尺度を行う。
・母親から子どもの発達や子どもへの関わり方や家庭や地域の様子を聞き取る。
　＊保健センターでは，母親のタロウちゃんへの心配を聞きながらラポールを築いていった。その後，新版K式発達検査とVineland-Ⅱ適応行動尺度，母親からの発達や家庭環境，地域環境の聞き取りを行った。その結果を伝えつつ，ADOS-2とADI-Rは専門病院で受検してほしい旨を伝えたところ，母親から快諾が得られたため関連病院へ紹介した。

□アセスメントの結果

・新版K式発達検査：全領域を総合すると，発達年齢は現在1歳10カ月レベルで，発達指数は100となっており，遅れはみられない。しかし，姿勢・運動領域や認知・適応領域が高いにもかかわらず，言語・社会領域の発達指

数は 70 と低く，能力間のバランスの悪さがみられた。

- ・ADOS-2乳幼児モジュール（24カ月時）：対人的感情小計得点と限定的・反復的行動小計得点の合計得点からは，ASDの中度から重度の懸念が示唆された。ADOS-2による行動観察でも，対人関係の弱さが顕著であった。表出性言語はあっても，それを対人関係中で使えていない。コミュニケーション目的での指さしや手さしなどのジェスチャーもなく，他者と興味を共有しようとする共同注意はみられなかった。このように，言語性・非言語性の両面のコミュニケーションの発達に弱さがみられた。また，玩具の全体ではなく，部分（飛行機のプロペラやミニカーの車輪，人形のまぶたなど）に興味を持っていた。遊びでは，電話の玩具を使ったふり遊びがみられたが，大人とこうした遊びを共有しようとしたり喜びを共有するところはみられなかった。

- ・ADI-R（24カ月時）：A. 相互的対人関係の質的異常，B. 意思伝達の質的異常，C. 限定的・反復的・常同的行動様式，D. 36カ月までに顕在化した発達異常のすべての領域が，ASDのカットオフ値を超えていた。アイコンタクトや表情やジェスチャーの乏しさ，受容と自発両方の共同注意の欠如や，自分の喜びを他者と共有しようとする気持ちの乏しさが確認された。

- ・Vineland-Ⅱ適応行動尺度：適応行動総合点が72となっていた。下位領域の比較からコミュニケーションや対人面の弱さが示されていた。同時に，身辺自立や家事スキルの適応行動は良好であり，自分でできることはやるという側面もみられる。これは，要求を伝えることが苦手なタロウちゃんの特性からみると，他者に援助を求められないため自立機能が高まっている，過剰適応の可能性も考えられた。

- ・**家庭や地域環境等（母親からの聴取内容と保健センターで地域について調べた結果）**：家庭は核家族で，両親の実家の援助はあまり得られないが，母親はタロウくんを妊娠中に仕事を辞めたため，子どもと関わる時間は多くある。父親も育児に協力的。子どもが育つ上で家の構造や広さ，両親の養育態度には問題がない。両親は，必要なら医療機関にかかったり療育も受けたいと考えている。地域には発達障害に特化した児童発達支援センターがある。

❑支援方法

・ASD の可能性が高いので，医療機関を紹介して診断を受け，医療的観点からフォローを受けることを勧める。もちろん，医療機関受診後も保健センターでのフォローアップは続けるが，医療機関でも発達経過を見てもらうことは重要である。

・ASD の可能性が高いといえるので，保護者と相談し，集中的に通える児童発達支援センターを紹介して，より専門的な療育を受けることが望ましい。

・専門療育につながらなかった場合などは，保健センターで行っているサービスに参加することもよい。多くの保健センターでは，乳幼児健診のフォローアップを行っている。発達早期は，家族の障害受容が進まず，保健センターで心理カウンセリングや母子の小グループに参加することなどが考えられる。タロウくんのように，他児への興味も出てきていたり，模倣が可能になっている場合，こうした同年齢の小グループへの参加は，他児への関心を促し，模倣の機会を増やしたり，要求を伝える機会を増やすことを可能にする。

・他者とのコミュニケーションへの動機づけを高めるために，PECS（本書 p.70 参照）の方法を取り入れながら，発語を促していくこともよい。また，構造化（活動場所を分けたり，見通しが立つように簡単なスケジュールを作るなど）を取り入れたり，視覚的構造化（写真カードなどを使って外出時の行先を伝えたり，写真を選ぶことで欲しい玩具を伝えるなど）をセンターや家庭でも実施する。

・家族への支援：ペアレント・プログラムに参加し，子どもを行動の視点でみていくことや子どもをほめることを習慣化するなどの，子どもへの対応を学ぶことが有効である。

❑地域連携

・今後，児童発達支援センター，医療機関等との連携を行う。幼児の場合，保健センターを中心に連携をとっていくことも多い。保健師がキーパーソンになることも多いが，公認心理師として，心理的観点から助言をしたり，連携の要として働くことが期待される。

・将来，保育園・幼稚園に入ると考えられるが，その場合，保護者の許可があ

れば，タロウちゃんの特性や園での対応を伝える。保健師や公認心理師による巡回相談を行う。また，児童発達支援センターにつながっていれば，公認心理師はセンターと連携をとり，専門家による「保育所等訪問支援」を依頼することができる。

事例 2 小学校で巡回相談心理士をしているとしたら
～子どもと直接面接することはないが，行動観察をし，
担任教員や保護者に学校や家庭でのより良い対応をアドバイスする場合～

　ユウくんは，小学2年生の男子。地域の小学校に通っている。入学当初から毎日，休憩時間を知らせるチャイムが鳴ると廊下に飛び出し，電車の運転手になりきって「のぞみ」のつもりで走り回っている。ときにはクラスメートを押しのけるようにして進み，みんなに驚かれてしまうこともある。電車が大好きで，日本だけでなく世界中の電車の名前を写真を見ただけで答えることができ，電車博士と呼ばれている。しかし，先生や友だちが「一緒に鬼ごっこしよう」と誘っても，まったくの知らんぷりで通りすぎてしまうため，そのうちにみんなも誘わなくなった。

　ユウくんは，知識欲が旺盛で勉強はよくできる。しかし，宿題は必ずといってよいほど忘れてきて，机の中から物があふれてしまって整理できないことも目立っている。授業中には，先生が質問をすると手を挙げずにいきなり答えてしまうことがあって，よく注意されている。最近は，周りの子どもたちがユウくんの電車ごっこをからかうことがあり，そんなときはロゲンカに発展するので，パニックになる回数も増えている。担任はこうした様子を1年生のときから心配に思いつつ，そのうち落ち着くのではないか考えていたが，変化がないため，巡回で来ている公認心理師に相談してきた。担任は，ユウくんは優しいところもあって，1年生の女の子の荷物を持って帰ってあげたこともあると話す。

　さっそく，授業中のユウくんを行動観察すると，好きな算数の授業では，担任の話を一生懸命聞いていたが，廊下で物音がしたところ即座にそちらを見て，その後，ちょっとぼんやりしていてなかなか授業に戻れない様子

だった。あまり好きではない国語の授業では，隣の子に話しかけたり，椅子を前後に揺らしながら，ほとんど授業を聞いていなかった。休憩時間は，報告どおり，電車ごっこをして一人で廊下を走り回っていた。

●考えてみよう●

□ どのような障害が予測（仮説）できますか？
□ その予測（仮説）を確認するために，どのようなアセスメント・バッテリーが考えられますか？
□ どのような支援法があると思いますか？
□ 巡回相談の立場として，連携をどう考えますか？

□予測（仮説）

・クラスメートへの関心の低さや電車への強い関心などの ASD の特性がみられる。
・電車ごっこの様子や授業中の様子，宿題をしてこないなど，ADHD の特性が考えられる。

□予測（仮説）を確認するためのアセスメント・バッテリー

・全体的な知能水準や能力間の差を調べるために WISC-IV 知能検査を実施する。
・ASD の症状について，ユウくんに ADOS-2 モジュール3 を実施する。母親には，短時間で実施できる PARS-TR を使って聞き取りを行う。
・ADHD の症状については，ADHD-RS および Conners 3 保護者用を実施する。
・日常生活での自立的な行動を調べるため，Vineland-II 適応行動尺度を行う。
・母親からユウくんへの関わり方や家庭や地域の様子を聞き取る。

□アセスメントの結果

＊ WISC-IV と Vineland-II，PARS-TR 以外は学校で実施できなかったため，専門機関に依頼。

・WISC-IV 知能検査：全検査 IQ = 132，各合成得点は次のとおり。言語理解 =

125，知覚推理 = 136，ワーキングメモリー = 112，処理速度 = 118。全検査 IQ はかなり高く，特に知覚推理が高い。本人の中では，ワーキングメモリーと処理速度が苦手となっているが，平均以上の能力はある。言語的な知識も豊富であり，また，空間認知，視覚的な分析や再構成能力も優れている。

・ADOS-2 モジュール3：対人的感情小計得点と限定的・反復的行動小計得点の合計得点が自閉症カットオフ値を超え，自閉症に分類された。流暢に話すことはできるが，相手の知識に配慮して話したり会話をすることの苦手がみられた。視線は合わないわけではないが，気になるものなどがあると注意は人に向かない。表情の変化が乏しく，また，他者の表情の認知も難しい。友人などの人間関係についての理解も年齢相応ではない。自分で考えて想像的に遊びを展開したりすることは難しく，細部へのこだわりもみられた。

・PARS-TR：幼児期ピーク得点，児童期得点ともに，ASD のカットオフ値を超えていた。

・Conners 3：症状カウントは不注意が8，多動性‐衝動性が9であり，ADHD 指標の確率も 94％と高いため，ADHD の顕著な特徴があると考えられた。多動や衝動性だけでなく，不注意の特徴もみられた。

・Vineland-II 適応行動尺度：適応行動総合点は 52 と低く，特に社会性領域が 30 台，コミュニケーション領域が 40 台と低くなっている。日常生活スキルは 70 台で差が大きい。

・**家庭や地域環境等**：家族は両親とユウくんの3人家族。父親も育児に協力的。両親とも働いているので，ユウくんは小学校の後，学童保育に行っているが，そこでも友人とのトラブルが多い。家では部屋にこもって難しい内容の本や図鑑を読んでいる。電車と恐竜が主だが，最近は，恐竜の関連から，生命の起源といった本も読んでいる。一回読み出すと，なかなか止まらないので，夕食を夜遅く一人で食べるときや結局食べないときもあって，困っている。地域に発達障害専門の放課後等デイサービスの施設がある。

　これらのアセスメントの結果をまとめると，知的能力は高いが，日常生活での適応能力はかなり低い水準である。WISC-IV で測られる言語能力は高いが，Vineland-II のコミュニケーションは平均以下で，言語能力が日常生活に活かされていないことがわかる。知識は豊富だが，それらを運用していく力は弱い。

さらに大きな社会性の問題もある。発達障害の特性を調べる検査からは，ASD
と ADHD が強く示唆されている。

❏支援方法

・ADHD の症状には，薬物療法が効果的な場合も多いので，医療機関には必ず
紹介したい。児童精神科の専門医療機関が望ましく，診断とその後の薬物療
法や経過観察が期待できる。将来併存してくる可能性のある精神疾患へ備え
ることもできる。

・ADOS-2 や Vineland-Ⅱ からは，言語知識は豊富でもそれを実際のコミュニ
ケーションに役立てられず，また，社会性の弱さも目立っているが，これに
対しては，日常場面のそのときどきの具体的な指導が必要だと考えられる。
場面に応じた適切な行動を具体的に教えていくことが重要である。「廊下は
走らない」という指示では，走らないでどうすればよいか，ASD の子ども
にはわかりにくいので，「廊下は右側を歩きます」と具体的に適切な指示を
する必要がある。ルール等も具体的に，できれば視覚的に示すことが効果的
である。

・ユウくんが対人関係や学校生活のなかで疑問に思ったり困った場面について，
1 つひとつ具体的に相手の気持ちや状況を説明したり，そのとき，どのよう
に振る舞えばよかったのかを教えていくことで，社会性を少しずつ身につけ
ていくことが可能である。社会的なふるまいについて，今は保護者や担任か
ら教えてもらうことが多いと思われるが，将来は，カウンセラーなどに自分
で相談できるようになることも必要である。

・友人との付き合い方については，小グループで会話や関わり方の練習をす
ることも有効である。SST をこうした小グループで行うこともできる。現在，
学童保育に通っているが，放課後等デイサービスなどで発達障害児向けのプ
ログラムを実施しているところに通うことも考えられる。

・見通しをつけるための過程でも，予定表などの構造化を取り入れていくこと
で，家庭でみられる過集中を防ぐことも可能になると考えられる。また，切
り替えが苦手なので，「30 分だけ好きな本を読む」といった無理な設定はせ
ず，「週末には思い切り好きな本を読むが，普段は読まないで宿題をしてテ

レビを見て寝る」などのルールを親子で決めることもよい。

・家族支援としては，親のペアレント・トレーニングやペアレント・プログラムへの参加が考えられる。

□巡回相談としての支援

・放課後等デイサービスを利用するまでの手続きを把握し，手続きのための流れ（障害児相談支援事業所の利用など）を，学校に情報提供する。また，医療機関，相談支援事務所，発達障害を専門とする放課後等デイサービスなどと，連携をとっていくことを学校に勧める。巡回相談の場合，支援の中心になることは難しいが，担任や学年主任などと連絡をとりながら，子どもや保護者の気持ちに寄り添いつつ，全体の連携を考えてアドバイスをする。

第4章

事例で考えるアセスメントと支援方法

事例
3

中学校でスクールカウンセラーをしているとしたら
~登校しぶりのある生徒に発達障害が疑われた場合~

ハナコさんは中学2年生。おだやかなタイプの女の子で，入学してから遅刻や欠席もなく落ち着いた生活を送っていた。2年生になってクラス替えがあり，担任やクラスメートが変わったが，1年のときと変わらず1学期は過ごしていた。友だちは多くはないが，同じクラスの女子3名とは仲良くしている。しかし，2学期が始まったころから登校しぶりが始まり，担任のすすめでスクールカウンセラーのところに相談に来た。

本人によると，中学校に入ってから学習内容が難しくなってきて，だんだん学校に来るのが苦痛になってきた，また，女の子同士がよくするアイドルなどの話についていけないという。

授業中の行動観察をすると，音読を当てられると明らかに緊張した様子がみられ，教科書を読むのがたどたどしかった。その後の休憩時間では疲れたのか，自分の席で一人で絵を描いて過ごし，他の生徒とは関わっていなかった。給食の時間は，仲の良い女の子グループで食べていたが，あいづちは打つものの，自分から積極的に話しているようにはみえなかった。

103

担任によると、授業中、声が小さく、本読みはあまり自信がない様子である。順番が近づいてくるととても緊張しているようで、まばたきが多くなっている様子を最近よく見かける。「大丈夫だよ」と伝えても、こわばった表情で固まってしまうこともあった。また、真面目なのに、宿題をやらずに来ることが多いのも気にかかるとのことだった。

担任は、ハナコさんと親しい友人に相談されたとして以下の話をした。ハナコさんとはアニメの話などをしているが、最近、なにを思ったのか、突然なにも言わずにその場を立ち去ることがあった。傷つけるようなことを言ってしまったのではないかと心配した友だちがハナコさんを追いかけたところ、それに気づいたハナコさんは「なんでついてくるの？」と言ったそうで、友人はしばらくハナコさんが自分たちのことを怒っているのではないかと心配していた。また、体操服や水着に着がえるときに、下着が見えても平気で、周りの女の子たちが恥ずかしく感じていても、ハナコさんは全く気づかない様子である。

●考えてみよう●

- □ どのような障害が予測（仮説）できますか？
- □ その予測（仮説）を確認するために、どのようなアセスメント・バッテリーを組みますか？
- □ どのような支援が考えられますか？
- □ 他機関連携としては、どのようなことが考えられますか？

❐予測（仮説）

・勉強の難しさを訴えており、知的能力障害、または学習環境の問題が考えられる。

・年齢相応の友人関係ができていない、羞恥心が育っていない、また、友人の感情が読めないなどの ASD の特性がみられる。

・音読がたどたどしいことから、SLD の可能性も考えられる。

❏ 予測（仮説）を確認するためのアセスメント・バッテリー

・全体的な知能水準や能力間の差を調べるために WISC-IV 知能検査を実施する。
・ASD の症状について，ハナコさんへ ADOS-2 モジュール 3 を実施する。母親には，PARS-TR を使って聞き取りを行う。
・SLD については，スクリーニングの LDI-R を実施する。
・日常生活でのコミュニケーションや自立的な行動を調べるため，Vineland-II 適応行動尺度を行う。
・家庭や地域環境等のアセスメントとして保護者から聴取を行う。

❏ アセスメントの結果

　＊スクールカウンセラーは，校内で知能検査などを実施できないため，上記のアセスメントを実施できる専門機関に依頼した。
・WISC-IV 知能検査：全検査 IQ ＝ 74，言語理解 ＝ 72，知覚推理 ＝ 91，ワーキングメモリー ＝ 65，処理速度 ＝ 86。全検査 IQ は，知能水準が境界域であることを示している。視覚統合が得意な反面，ワーキングメモリーが苦手である。ワーキングメモリーの弱さから，口頭で言われた宿題などを覚えていられなかったり，メモを取れないという可能性も考えられ，日常生活で宿題ができないのも，こうしたところに起因していると考えられる。
・ADOS-2 モジュール 3：対人的感情小計得点と限定的・反復的行動小計得点の合計得点が自閉症スペクトラムカットオフ値を超えており，自閉症スペクトラムに分類された。ASD 特性の程度は軽く，また，受け身的に人とつきあっているので ASD には見えにくいかもしれない。しかし，年齢相応の羞恥心が育っていない，友人の気持ちに気づけないなどの社会性の問題が日常生活にもみられている。ADOS-2 では，新しい情報を加えて会話を発展させるといった能力や相手の知識に合わせて話すことが難しいことが示された。また，会話の中で突然，四字熟語のような難しい言葉を使ったりするという不自然さもみられた。視線が合いにくく，表情の変化も乏しかった。ジェスチャーも，うなずきはあるが叙述的なものは少なかった。
・PARS-TR：幼児期ピーク得点と思春期・成人期得点ともに ASD のカットオフ値を超えていた。

・LDI-R：読みに限定した不得意は認められなかった。

・Vineland-II 適応行動尺度：適応行動総合点は 72 であった。社会性領域が最も低く 30 台となっており，日常生活スキルは最も高く，年齢相応であった。

・家庭や地域環境等：ハナコさんは，両親，5 歳下の弟と暮らしている。ハナコさんの母親によると，ハナコさんは，子どものころから手のかからない，一人遊びの好きな子どもだった。始語は 1 歳半くらいで「ママ」「まんま」だった。健診でも特に問題を指摘されることもなかった。宿題などはまじめにしているようだが，成績は良くない。両親ともハナコさんの学力については心配し，ときどき勉強をみてきたが，今は補習塾に通わせている。手伝いとして夕食時に食器を並べたり，食後キッチンまで運ぶことをしているが，体調不良でも，食器だけは並べたり片付けるので，両親は感心している。

❏支援方法

・ハナコさんは境界域の知的水準であり，すでに学習面の困難から登校しぶりという不適応行動を起こしている。さらに，チックと考えられる瞬間が緊張時にみられている。チックも現在は生物学的基盤に基づくと考えられ，DSM-5 では神経発達症群に分類されている。症状はストレスによって増悪する。したがって，現在のハナコさんが精神的にかなり追い詰められていることがわかる。また，補習塾に行くなど，学習面の支援は学校以外でもすでにされている。これらから考えると，特別支援学級で学習を進めることが適当と考えられる。また，現在の学級のまま，登校しぶりから不登校に至り，それが続くようであれば，適応指導教室の利用も考えられる。

・実際，不登校の児童・生徒の中には，境界域知能から軽度の遅れがある場合がかなりある。それ以外には，ASD なども多い。選択性緘黙なども同様である。しかし，スクールカウンセラーは，往々にして親子関係などに不登校の原因を求めがちで，根本的な原因究明ができず，したがって解決することもできないまま，ずるずると時間が経過するケースが多いと感じる。不登校の児童・生徒について，知能検査は必須であり，その結果に基づいて支援方法を考えるわけだが，プレイスメントを変えるだけで学校に通えるようになることも多い。

・社会性やコミュニケーションについては，小グループでSSTを行うほか，社会的なふるまいを各場面に合わせて具体的に教えていくことが有効である。特別支援学級では，こうした対人コミュニケーション・スキルについて取り組んでいることも多い。また，放課後等デイサービスなどで，こうした小グループでの指導を受けることも望ましい。
・家族支援としては，ペアレント・トレーニングやペアレント・プログラムが推奨される。

❒ **地域連携**

特別支援学級や適応指導教室などに入った場合，担当教員との連絡などを考えることになる。また，ハナコさんが利用している塾や，今後通うようになれば発達障害を専門とする放課後等デイサービスなどと連携をとっていく。担任との連絡をとりながら，全体の連携を考えてアドバイスをする。

事例4 大学の学生相談室で働く公認心理師だったら
～相談中の学生に発達障害が疑われた場合～

　鈴木さんは，21歳の男性。現在，大学3年生。大学入学当初から学生相談室を利用している。利用のきっかけは，履修方法がわからないと相談にきたことである。そのときは，履修を担当する教務課の職員に相談室で対応してもらい，無事に履修をすることができた。その後，公認心理師である相談室のカウンセラーと，週1回のペースで相談を続けてきた。
　鈴木さんは，コミュニケーションが苦手で，言葉の裏にある意味合いを理解できないため，冗談を真に受けてしまう。細かなことまで指示がないとできないため，ときに「それはどういう意味ですか？」「それはどうやってやるのですか？」といった質問を繰り返すことがある。質問がない場合も，誤った認識で理解していることが多く見受けられる。作業，話し方などすべての点においてゆっくりであるため，相手をイライラさせてしまうことがあるが，本人は相手の感情は理解できるものの，どう対応したら

よいのかわからなくなって不安が高じてしまう。それ以外に，計画を立てることの困難，感情のコントロールが苦手，予定変更も苦手といった様子がみられた。計画を立てることの困難から，レポートを期日内に出すといったことが苦手であったが，これは相談の中で，スケジュールを立てるなどの方法で乗り切ってきた。感情のコントロールについては，我慢しすぎて突然爆発してまったり，回避的になるため，適切に感情を表現する方法や自分の感情に気づく方法を The CAT-kit（Cognitive Affective Training）などを用いて身につけてもらってきた。

　このように，相談室では，そのときどきの困りごとの相談にのり，具体的な対処方法を一緒に考えるスタンスを取りながら，同時に鈴木さんの自己理解が進むようにカウンセリングを続けてきた。大学 3 年になり，鈴木さんは就職について不安を訴えるようになったので，同意を得て AQ を実施したところ 42 点という高得点だった。保護者にも連絡し，発達障害を専門とする医療機関に紹介（リファー）することになった。

●考えてみよう●

- □ どのような障害が予測（仮説）できますか？
- □ リファー先の医療機関にお願いできるとすると，どのようなアセスメント・バッテリーを考えますか？
- □ 今後の就職のために，どのようなアドバイスが必要になるでしょうか？
- □ リファー先を含め，その後の支援として，どのような方法を考えますか？

□予測（仮説）

・AQ も高く，他の特徴を見ても，ASD の可能性が考えられる。

□予測（仮説）を確認するためのアセスメント・バッテリー

・全体的な知的水準や認知特性を確認するために WAIS-Ⅲ知能検査を実施する。

・ASD の症状については，本人には，ADOS-2 モジュール 4 を実施する。成育歴や現在の状況については，PARS-TR あるいは ADI-R を用いて保護者に確認をする。

・日常生活でのコミュニケーションや自立的な行動を調べるため，Vineland-II 適応行動尺度を行う。

・保護者から，関わり方や家庭や地域の様子，発達経過，将来の希望について聞き取る。

＊これらの検査のうち，学生相談室では対応できない場合もあるので，児童精神科医療機関（発達障害を専門とするのは精神科の中でも児童精神科であり，成人期も受診できるところが多いが，機関によっては初診は未成年のみとなっているところもある）や発達障害に詳しい精神科などの専門機関にリファーする必要がある。

□アセスメントの結果（リファー先からの報告を含む）

・WAIS-III知能検査：言語性 IQ = 112，動作性 IQ = 94，全検査 IQ = 104。群指数は次のとおり。言語理解 = 114，知覚統合 = 95，作動記憶 = 88，処理速度 = 86。知能水準は平均である。言語性 IQ が高く，言語理解指数も高い。動作性 IQ は言語性 IQ に比べると低いが，平均的な水準である。群指数では，処理速度が低く，現実生活でゆっくりとした行動で周囲をイライラさせる原因となっている可能性もある。

・ADOS-2 モジュール 4：意思伝達領域と相互的対人関係領域の合計点は自閉症カットオフ値を超えていた。

・PARS-TR：幼児期ピーク得点がカットオフ値を超えていなかったが，現在の得点はカットオフ値を超えていた。

AQ もカットオフ値を超えており，ADOS-2 の結果とあわせて ASD が示唆された。保護者の聞き取りには短時間で情報のとれる PARS-TR を使用したが，幼児期ピーク得点はカットオフ値を超えなかったものの，思春期・成人期得点は ASD のカットオフ値を超えていた。この場合も，ASD の可能性が高いと考えるので，AQ, ADOS-2, PARS-TR も含め，すべての結果から ASD であることが示唆された。ADOS-2 の結果からは，会話の維持や発展の難しさや，相手の

知識に配慮して話すこと，ジェスチャーの乏しさが目立っていた。また，他者の感情理解の難しさがうかがえた。

念のため，ADHD について CAARS も実施したところ，不注意項目のいくつかは該当するが診断は満たさなかった。

・Vineland-Ⅱ適応行動尺度：適応行動総合点が 40 となっていた。特に社会性領域の得点が低くなっている。下位領域では，「受容言語」が平均域にある以外は，ほとんどの下位領域がやや低いの水準で，「読み書き」「対人関係」「コーピング」は特に低くかった。

・家庭や地域環境等：鈴木さんは，すでに結婚して独立した姉と高校生の弟がいる。現在は，両親，本人，弟の 4 人で暮らしている。家族関係は良好。両親には鈴木さんの行動や考え方について，困り感や将来への不安はあるものの，障害受容には難しさがある。ただ，子どもの困難に対応したいという気持ちは強く，医療機関にも比較的早くつながった。父親が定年を迎える年齢に近づいており，子どもには経済的自立を期待している。そのために可能な社会制度なども利用したいと考えている。

❏支援方法

・大学時代に発達障害とわかるケースも近年増えている。したがって，学生相談室で発達障害の学生の相談を受けることも多い。また，障害学生への支援を行うバリアフリー支援室を置く大学も増えている。こうしたところが中心となって，発達障害のある学生への学内での対応について共通理解を図ったり，合理的配慮をしていくことが重要である。バリアフリー支援室より教員に対して発達障害の特性の説明と，特性に応じた合理的配慮について依頼し，単位修得し卒業できた学生もいる。大学は，社会に出ていく前の最後の教育機関であることが多く，どのように支援をしつつ社会に送り出していくかが大きな課題になる。福祉や就労の制度についての基本的な知識も身につけておきたい。

・カウンセリングの基本は，支持的に対応することではあるが，実際の日常生活でどう行動するかを具体的に指示することも必要である。視覚支援・構造化などは大学生においても必要である。カウンセリングにおいては，場面

を漫画風に描いて，自分と相手が実際に話したことと，実際には話されていない考えたことを記入しながら，人間関係の問題を考えていくコミック会話（本書 p.126，「発達障害関連ブックガイド」参照）なども役立つ。

・大学を修了すると心理相談を継続できなくなるので，カウンセリングなどを受けられる発達障害に特化した医療機関につないでおきたい。診断を受けることもできるし，うつなどの精神疾患への対応も可能となる。

・学内にバリアフリー支援室があれば協力して対応し，学内の合理的配慮を進めていくことができる。バリアフリー支援室には，社会制度にも詳しいソーシャルワーカーが在中することも多い。就職支援室などの職員と連携して，履歴書の書き方，面接の練習なども実施することができる。

・就職活動が行き詰ってしまった場合，本人や家族が納得すれば，診断を受け，大学生でも障害者手帳をとることは可能であり，こうしたケースも少なくない。発達障害者支援センターやハローワークへの相談を勧めることもできる。ハローワークでは，平成30年4月より「発達障害者雇用トータルサポーター」という専門部署を配置した。ただ，この専門部署は，全国の全てのハローワークにあるわけではない。発達障害者雇用トータルサポーターの配置がない場所でも，ハローワーク内には障害者専門窓口があり，そこで相談できる。障害者としてハローワークにつながると，必要に応じて，発達障害者支援センター，地域障害者職業センター，障害者就業・生活支援センター，就労移行支援事業所等につないだり，医療機関と連携をとってくれる。就労に向けての訓練を受けたい場合は，就労移行支援事業所を利用することになるが，受給者証を発行したり，計画相談をしたりという手続きがあるので，地域の市区町村の障害福祉課，地域の相談支援事業所へとつなぐ必要がある。また，障害者雇用として就労した場合には，ジョブコーチや就労定着支援（平成30年4月に新設された制度）等を利用し，職場での定着もサポートしてもらえる。

事例5 一般精神科で働く公認心理師だったら
〜うつと診断されて通院中の患者さんに発達障害が疑われた場合〜

　山本さんは，35歳男性。専門学校を卒業後，10年ほどIT系の会社に勤務しているが，上司がかわり，新しい上司から仕事のミスや手順の悪さをたびたび叱責され，うつ状態となり，現在，休職中である。一般精神科のクリニックで，うつに対する薬物療法を受けている。同じ医療機関で，カウンセリングも受けており，公認心理師がそのカウンセリングを担当している。

　山本さんの話によると，うつになったきっかけは，会社で上司に叱られることがたび重なったからだという。「これをやっといて」や「あれはどうした？」などの，あれ，これの指示がまったくわからなかった。また，質問があればいつでも聞いてよいといわれていたのに，「今忙しい。わからないのか？」と叱られたり，話しかけるタイミングを見計らっていると，「なに仕事しないでこっち見ているんだ！」と怒鳴られたりした。また，書類の文字の変換ミスや，コピー機に書類を忘れてしまうなど，細かいミスをいちいち指摘されて，疲れ果て，ついには仕事に行けなくなった。

　学校時代を通じて，友人はできなかった。現在も友だちといえる存在はいない。中学校では，いじめの対象となり辛かったが，学校は行くものと考えていたので休むことはなかった。コンピューターや機械関係に強い興味があり，高校卒業後はコンピューター関係の専門学校に進学したが，ここではトップの成績だった。専門学校では，ゲームや趣味の機械いじりや電車の話をする仲間はでき，楽しかったが，学校外で会うことはなく，卒業と同時に関係は切れてしまった。

　家族は両親と20代後半の妹だが，妹はすでに結婚して別居している。家庭では，父親が厳しく，「どうして会社に行けないのだ」と責め立てることがあって，なるべく顔を合わせないようにしている。母親は子どものころから，父親から自分を守ってくれる存在で，今も優しく接してくれる。妹は小さいころには遊んだ気がするが，今は年に1〜2度，2歳の甥を連

れて帰ってきたときに会う程度である。

担当の公認心理師は，発達障害の可能性を考え，山本さんに AQ を実施したところ，点数は 24 点と，カットオフの 30 点よりも低かった。

●考えてみよう●

☐ どのような障害が予測（仮説）できますか？
☐ その予測（仮説）を確認するために，どのようなアセスメント・バッテリーを考えますか？
☐ リファー先を含め，その後の支援として，どのような方法を考えますか？

❏予測（仮説）

・AQ は自己評価のため，自己認知の弱い人の場合はカットオフ値を超えないことも多い。カウンセリングの中で得られた情報（人間関係の困難，漠然とした指示語の理解の難しさといったコミュニケーションの困難，特別な関心など）から，ASD が考えられる。
・変換ミスに気づかない，書類の置き忘れなどの不注意も認められ，ADHD の可能性も考えられる。

❏予測（仮説）を確認するためのアセスメント・バッテリー

・全体的な知的水準や認知機能を確認のために，WAIS-Ⅲ知能検査を実施する。
・ASD の症状については，SCQ を用いて可能性を検討後，本人には ADOS-2 モジュール 4 を実施する。成育歴については，保護者に ADI-R を用いて確認をする。
・不注意症状については，CAARS を用いて，本人や保護者から情報を集め，ADHD の可能性を検討した後，CAADID を用いて，診断基準を満たすかどうかの判断を行う。
・日常生活でのコミュニケーションや自立的な行動を調べるため，Vineland-Ⅱ 適応行動尺度を行う。

・保護者や上司から，関わり方の観察や家庭や地域の様子を聞き取る。

　＊これらの検査の中には，一般精神科では対応できないものもあるので，その場合は児童精神科や発達障害に詳しい精神科医療機関などの専門機関にリファーする必要がある。

❏アセスメントの結果（リファー先からの報告を含む）

・WAIS-Ⅲ知能検査：言語性 IQ＝119，動作性 IQ＝90，全検査 IQ＝107。群指数は，言語理解＝120，知覚統合＝99，作動記憶＝105，処理速度＝75である。知的水準に問題はないが，言語性 IQ に比較して動作性 IQ が低く，また，言語理解に比べ，処理速度が低くなっており，能力間の差が大きいことがわかる。特に処理速度が低いことから，作業を迅速に行うことの不良がうかがわれる。

・ADOS-2 モジュール 4：意思伝達領域と相互的対人関係領域の合計点が自閉症のカットオフ値を超えていた。

・ADI-R：A. 相互的対人関係の質的異常，B. 意思伝達の質的異常，C. 限定的・反復的・常同的行動様式，D. 生後 36 カ月までの顕在化の全領域で自閉症のカットオフ値を超えていた。

　AQ はカットオフ値を超えなかったが，PARS-TR では幼児期ピーク得点がカットオフ値を超えていたため，ADOS-2 と ADI-R を実施した。ADOS-2 の結果からは，ASD と考えられる。特に，非言語コミュニケーションの苦手や他者の感情理解の難しさがうかがえた。ADI-R の結果も，ASD の特徴が強いことを示している。また，AQ の値がカットオフ以下であることから，特性への自己認識は不良と考えられる。

・CAARS・CAADID：ADHD を疑い，CAARS の自己記入式を山本さん本人に，観察者評価式を保護者に実施したところ，両者の回答で ADHD 特徴がみられたため，CAADID（パートⅡ：診断基準）を本人の面接で実施したところ，小児期・成人期の両方において不注意・多動性-衝動性とも 8 項目が該当し，診断基準を満たすことが明らかになった。

・Vineland-Ⅱ適応行動尺度：適応行動総合点が 48 となっていた。特に社会性領域の得点が低い。下位領域では，「受容言語」が平均域にある以外は，ほ

とんどの下位領域がやや低いの水準で,「読み書き」「遊びの余暇」「コーピング」は特に低かった。

・**家庭や地域環境等**：家族では，母親は障害理解があるが，父親の障害受容は進んでいない。経済的には余裕のある家庭であり，母親がキーパーソンとして機能できる。母親は，山本さんの対人コミュニケーションの問題を幼少期より感じていた。職場の上司はいらいらして叱ったことを反省したが，同じ職場に戻るのは難しいかもしれないと考えていた。

❏支援方法

・成人期には，ヘルプ・シーキング（援助要請）の力やヘルプを求めやすい環境を作り，日常生活でのキーパーソンを特定したり，キーパーソンを作っていくことが大切である。山本さんの場合，家庭でのキーパーソンは母親になるだろう。

・成人期にも対応している発達障害の専門医療機関に紹介されることが望ましいが，現在，こうした機関は少ないので，一般精神科で引き続きカウンセリングを続ける可能性が高いと考えられる。カウンセリングでは，支持的であると同時に，具体的な対応方法などを教えるといった指示的な関わりも必要である。高機能の成人であっても，視覚支援は有用であり，カウンセリングの内容を箇条書きにして渡したり，本人と相談しながらスケジュールを作ったり，物理的な構造化を自宅や職場で応用できるようにアドバイスするとよい。また，公認心理師として，発達障害に関する一般的な福祉的な情報提供（手帳や年金のことも含め）も説明できるようになっていたい。

・山本さんは現在休職中であるが，アセスメントから考えると知的水準は高くても，作業スピードを求められると難しいことや，高度なコミュニケーション能力を必要とされるような職場は難しいことがわかる。現在の仕事とのマッチングをもう一度考えたり，職場内での配置転換なども考える必要がある。復職を目指すとすると，以下のような制度を利用できる。

　＊リワークプログラム：復職を目指す際，本人の訓練・復職練習目的で利用する。医療機関や就労支援の関係事業所（就労支援センターや就労移行支援事業所など）で行われていることが多いので，こうした施設にリフ

ァーすることになる。

・もし，福祉就労にする場合は，発達障害者支援センターやハローワークへの相談ができる。詳細は事例3を参照されたい。

・成人の場合，一人暮らしやその準備も考える必要がある。一人暮らしを望む場合は，Vineland-Ⅱの結果から，どの程度サポートが必要なのかを明らかにする必要がある。山本さんの場合は，日常生活スキルはある程度あるが，金銭管理を含め支援がないと一人暮らしは難しいと考えられる。必要に応じて居宅介護，自立生活援助を利用しながら一人暮らしを考えていく方法もある。いずれも，総合支援法のサービスであり，中心となってマネジメントをするのは相談支援事業所となる。

文献・ホームページ

第 1 章

APA 2000 *Diagnostic and Statistical Manual of Mental Disorders, 4th edition Text Revision.* Washington, DC: Author.［高橋三郎・大野裕・染矢俊幸（訳）　2004　DSM-IV-TR 精神疾患の診断・統計マニュアル 新訂版．医学書院．］

APA 2013 *Diagnostic and Statistical Manual of Mental Disorders, 5th edition.* Washington, DC: Author.［日本精神神経学会（日本語版用語監修），髙橋三郎・大野裕（監訳）　2014　DSM-5 精神疾患の診断・統計マニュアル．医学書院．］

Asperger, H. 1944 Die "Autistischen Psychopathen" im Kindesalter［Autistic psychopaths in childhood］. *Archiv für Psychiatrie und Nervenkrankheiten* (in German). 117: 76–136. doi:10.1007/BF01837709.

Baron-Cohen, S., Leslie, A. M., & Frith, U. 1985　Does the autistic child have a "theory of mind"? *Cognition*, 21(1), 37-46.

Frith, U., Happé, F. G., Amaral, D. G., & Warren, S. T. 2012 Autism and other neurodevelopmental disorders affecting cognition. In E. Kandel, J. Schwartz, T. Jessell, S. Siegelbaum, A. J. Hudspeth (Eds.), *Principles of neural science, 5th edition.* New York: McGraw-Hill Education/Medical. pp.1425-1440.［黒田美保（訳）2014 認知機能に影響する自閉症およびその他の神経発達障害．金澤一郎・宮下保司（監修）カンデル神経科学．メディカルサイエンスインターナショナル，pp.1395-1409.］

Greydanus, D. E. 2005　Pharmacologic treatment of attention-deficit hyperactivity disorder, *Indian Journal of Pediatrics*, 72(11)，953-960.

Happé, F. & Frith, U. 2006　The weak coherence account: Detail-focused cognitive style in autism spectrum disorders. *Journal of Autism and Developmental Disorders*, 36(1), 5-25. Epub 2006/02/02.

黒田美保　2014　自閉症の診断基準．神経内科，81，381-387.

Lai, M. C., Lombardo, M. V., & Baron-Cohen, S. 2014 Autism. *Lancet*, 383, 896-910.

文部科学省　2006　中央教育審議会 初等中等教育分科会 教育課程部会 特別支援教育専門部会 資料 2 ICF について .

http://www.mext.go.jp/b_menu/shingi/chukyo/chukyo3/032/siryo/06091306/002.htm （2018 年 8 月 1 日閲覧）

文部科学省　2007　「発達障害」の用語の使用について .

http://www.mext.go.jp/a_menu/shotou/tokubetu/main/002.htm （2018 年 8 月 1 日閲覧）

文部科学省　2012　通常の学級に在籍する発達障害の可能性のある特別な教育的支援を必要とする児童生徒に関する調査結果について .

http://www.mext.go.jp/a_menu/shotou/tokubetu/material/__icsFiles/afieldfile/ 2012/12/10/1328729_01.pdf （2018 年 8 月 1 日閲覧）

文部省　1999　学習障害児に対する指導について（報告）．

http://www.mext.go.jp/a_menu/shotou/tokubetu/material/002.htm （2018 年 8 月 1 日閲覧）

内閣府　2015　障害を理由とする差別の解消の推進に関する基本方針.
http://www8.cao.go.jp/shougai/suishin/sabekai/kihonhoushin/honbun.html（2018 年 8 月 1
日閲覧）

中井昭夫　2016　発達性協調運動障害：診断をめぐって. 平岩幹男 総編集　データで読み解
く発達障害. 中山書店，pp.80-81.

Thapar, A. & Cooper, M.　2015　Attention deficit hyperactivity disorder. *Lancet*, Sep, 16.

戸所綾子　2013　ADHD の脳画像研究. 最新医学，68 巻 9 月増刊号，2117-2125.

渡部京太　2010　ADHD の疫学と長期予後. 精神科治療学，25(6)，727-734.

渡部京太　2016　ADHD の中長期経過. 齊藤万比古 編集　注意欠如・多動症―ADHD―の診
断・治療ガイドライン 第 4 版. pp.317-323.

WHO　1992　*The 10th revision of the International Classification of Diseases and Related Health
Problems*. Geneva: Author.

Wing, L. 1981 Asperger's syndrome: A clinical account. *Psychological Medicine*, 11, 115-129.

Wing, L. 1997 The autistic spectrum. *Lancet*, 350(9093), 1761-1766. doi:10.1016/S0140-6736(97)
09218-0

第 2 章

Auyeung, B., Baron-Cohen, S., Wheelwright, S., & Allison, C.　2008　The Autism Spectrum
Quitient: Children's Version (AQ-Child). *Journal of Autism and Developmental Disorders*, 38,
1230-1240. doi:10.1007/s10803-007-0504-z

Baron-Cohen, S., Wheelwright, S., Skinner, R., Martin, J., & Clubley, E.　2001　The autism-
spectrum quotient (AQ): Evidence from Asperger syndrome/high-functioning autism, males
and females, scientists and mathematicians. *Journal of Autism and Developmental Disorders*,
31, 5-17.

Brown, C. E. & Dunn, W.　2002　*Adolescent/Adult Sensory Profile*. San Antonio: Psychological
Corporation.

Conners, C. K.　2008　*Conners 3rd edition manual*. Toronto: Multi-Health Systems.［田中康雄 監訳，
坂本律 訳　2011 Conners 3 日本語版マニュアル. 金子書房.］

Conners, C. K., Erhardt, D., & Sparrow, E.　1998　*Conners' Adult ADHD Rating Scales (CAARS)*.
Tronto: Multi-Health Systems.［中村和彦 監修，染木史緒・大西将史 監訳　2012 CAARS
日本語版. 金子書房.］

Constantino, J. N. & Gruber, C. P.　2002　*The Social responsiveness scale*. Los Angeles: Western
Psychological Services.

Corsello, C., Hus, V., Pickles, A., Risi, S., Cook, E. H., Leventhal, B. L., & Lord, C. 2007 Between
a ROC and a hard place: decision making and making decisions about using the SCQ. *Journal
of Child Psychology and Psychiatry*, 48(9), 932-940.

Dawson, G., Rodgers, S., Munson J., Smith, M., Winter, J., Greenson, J.,…Varley, J.　2010
Randomized, controlled trial of an intervention for toddlers with autism: The Early Start

Denver Model. *Pediatrics*, 125, e17-e23.

DiLavore, P. C., Lord, C., & Rutter, M. 1995 The pre-linguistic autism diagnostic observation schedule. *Journal of Autism and Developmental Disorders*, 25, 355-379.

Dunn, W. 1999 *The Sensory Profile: User's manual.* San Antonio, TX: Psychological Corporation.

Dunn, W. 2002. *Infant/Toddler Sensory Profile.* San Antonio: Psychological Corporation.

Dupaul, G. J., Power, T. J., Anastopoulos, A. D., & Reid, R. 1998 *ADHD Rating Scale-IV: Checklist, Norms, and Clinical Interpretation.* New York: Guilford Press.［市川宏伸・田中康雄 監修，坂本律 訳 2008 診断・対応のための ADHD 評価スケール：ADHD-RS（DSM 準拠）チェックリスト，標準値とその臨床的解釈．明石書店．］

Epstein, J., Johnson, D. E., & Conners, C. K. 2001 *Conners' Adult ADHD Diagnostic Interview for DSM-IV (CAADID).* Toronto: Multi-Health Systems.［中村和彦 監修，染木史緒・大西将史 監訳 2012 CAADID 日本語版．金子書房．］

Goodman, R. & Scott, S. 2005 *Child Psychiatry, 2nd Edition.* Blackwell Publishing Ltd.［氏家武・原田謙・吉田敬子 監訳 2010 必携 児童精神医学．岩崎学術出版社．］

Gotham, K., Pickles, A., & Lord, C. 2009 Standardizing ADOS scores for a measure of severity in autism spectrum disorders. *Journal of Autism and Developmental Disorders*, 39, 693-705. doi:10.1007/s10803-008-0674-3

Gotham, K., Risi, S., Dawson, G., Tager-Flusberg, H., Joseph, R., Carter, A.,…Lord, C. 2008 A replication of the Autism Diagnostic Observation Schedule (ADOS) revised algorithms. *Journal of the American Academy of Child & Adolescent Psychiatry*, 47(6), 642-651. doi:10.1097/CHI.0b013e31816bffb7

Gotham, K., Risi, S., Pickles, A., & Lord, C. 2007 The Autism Diagnostic Observation Schedule: Revised algorithms for improved diagnostic validity. *Journal of Autism and Developmental Disorders*, 37, 613-627. doi:10.1007/s10803-006-0280-1

Happé, F., Briskman, J., & Frith, U. 2001 Exploring the cognitive phenotype of autism: Weak "central coherence" in parents and siblings of children with autism: I. Experimental tests. *Journal of Child Psychology and Psychiatry*, 42, 299-307.

発達障害支援のための評価研究会 2013 PARS-TR（親面接式自閉スペクトラム症評定尺度テキスト改訂版）．スペクトラム出版（2018 年 4 月 25 日より，金子書房）．

Hayward, D., Eikeseth, S., Gale, C., & Morgan, S. 2009 Assessing progress during treatment for young children with autism receiving intensive behavioural intervention. *Autism*, 13, 613-633. doi:10.1177/1362361309340029

Henderson, S., Sugden, D., & Barnett, A. L. 2007 *The movement assessment battery for children (2nd ed.).* London: Psychological corporation.

Jones, W. & Klin, A. 2013 Attention to eyes is present but in decline in 2-6-month-old infants later diagnosed with autism. *Nature*, 504(7480), 427-431. doi:10.1038/nature12715

Kamio, Y., Haraguchi, H., Stickley, A., Ogino, K., Ishitobi, M., & Takahashi, H. 2015 Brief report: Best discriminators for identifying children with autism spectrum disorder at an

18-month health check-up in Japan. *Journal of Autism and Developmental Disorders*, 45, 4147-4153. doi:10.1007/s10803-015-2527-1

Kamio, Y., Inada, N., Moriwaki, A., Kuroda, M., Koyama, T., Tsujii, H., ⋯Uno, Y. 2013 Quantitative autistic traits ascertained in anational survey of 22 529 Japanese school-children. *Acta Psychiatrica Scandinavica*, 128, 45-53.

金原洋治 2008 日本自閉症協会広汎性発達障害評定尺度（PARS）をどう使うか：小児科クリニックにおける使用例の検討. 外来小児科, 10, 248-256.

Kanner, L. 1943 Autistic Disturbances of Affective Contact. Nervous Child, 2, 217-250.

Kasari, C., Kaiser, A., Goods, K., Nietfeld, J., Mathy, P., Landa, R.,⋯Almirall, D. 2014 Communication interventions for minimally verbal children with autism: A sequential multiple assignment randomized trial. *Journal of the American Academy of Child & Adolescent Psychiatry*, 53, 635-4. doi:10.1016/j.jaac.2014.01.019

Kaufman, A. S. & Kaufman, N. L. 2004 *Kaufman Assessment Battery for Children Second Edition.* Circle Pines, MN: American Guidance Service.［日本版 KABC-Ⅱ政策委員会制作 2012 日本版 KABC-Ⅱ. 丸善出版.］

Kessler, R.C., Adler, L., Ames, M., Demler, O., Faraone, S., Hiripi, E., Howes, M. J., Jin, R., Secnik, K., Spencer, T., Ustun, T. B., & Walters, E. E. 2005 The World Health Organization Adult ADHD Self-Report Scale（ASRS）: A short screening scale for use in the general population. *Psychological Medicine*, 35, 245-256.

河野俊寛・平林ルミ・中邑賢龍 2013 URAWSS. atacLab.

Kurita, H., Koyama, T., & Osada, H. 2005 Autism-Spectrum Quotient-Japanese version and its short forms for screening normally intelligent persons with pervasive developmental disorders. *Psychiatry and Clinical Neurosciences*, 59, 490-496. doi:10.1111/j.1440-1819.2005.01403.x

黒田美保 2013 発達障害の特性把握のためのアセスメント. 臨床心理学, 13(4), 473-478.

黒田美保 2014 心理学的見方から：ASD のアセスメント（特集 自閉症スペクトラム障害：新しい発達障害の見方）. 心理学ワールド, 67, 9-12.

黒田美保 編著 2015a これからの発達障害のアセスメント：支援の一歩となるために. 金子書房.

黒田美保 2015b 発達障害の包括的アセスメント. 臨床心理学, 16(1), 7-11.

黒田美保 2015c 知的機能と適応行動のアンバランス. 萩原拓 編著 発達障害のある子の自立に向けた支援：小・中学生の時期に, 本当に必要な支援とは？ 金子書房.

黒田美保 2017 自閉スペクトラム症のアセスメント. 日本児童研究所 監修 児童心理学の進歩2017年版. 金子書房, pp.219-234.

Le Couteur, A., Rutter, M., Lord, C., Rios, P., Robertson, S., Holdgrafer, M., & McLennan, J. 1989 Autism diagnostic interview: A standardized investigator-based instrument. *Journal of Autism and Developmental Disorders*, 19, 363-387.

Lord, C., Risi, S., Lambrecht, L., Cook Jr., E. H., Leventhal, B. L., DiLavore, P. C.,⋯Rutter, M.

2000 The Autism Diagnostic Observation Schedule-Generic: A standard measure of social and communication deficits associated with the spectrum of autism. *Journal of Autism and Developmental Disorders*, 30, 205-223.

Lord, C., Rutter, M., DiLavore, P. C., Risi, S., Gotham, K., & Bishop, S. 2012 *Autism Diagnostic Observation Schedule, 2nd Edition.* Los Angeles: Western Psychological Services.［黒田美保・稲田尚子 監修 2015 ADOS-2 日本語版マニュアル. 金子書房.］

Lord, C., Rutter, M., Goode, S., Heemsbergen, J., Jordan, H., Mawhood, L., & Schopler, E. 1989 Autism Diagnostic Observation Schedule: A standardized observation of communicative and social behavior. *Journal of Autism and Developmental Disorders*, 19, 185-212.

Nakai, A., Miyachi, T., Okada, R., Tani, I., Nakajima, S., Onishi, M., Fujita, C., & Tujii, M. 2011 Evaluation of the Japanese version of the Developmental Coordination Disorder Questionnaire as a screening tool for clumsiness of Japanese children. *Research in Developmental Disabilities*, 32, 1615-1622.

日本感覚統合学会 2011 JPAN 感覚処理・行為機能検査（*Japanese Playful Assessment for Neuropsychological Abilities*: JPAN）. パシフィックサプライ.

日本感覚統合障害研究会 1989 MAP 標準化委員会編訳：日本版ミラー幼児発達スクリーニング検査マニュアル.

Robins, D. L., Fein, D., Barton, M. L., & Green, J. A. 2001 The Modified Checklist for Autism in Toddlers: An initial study investigating the early detection of autism and pervasive developmental disorders. *Journal of Autism and Developmental Disorders*, 31, 131-144.

Rutter, M., Bailey, A., & Lord, C. 2003a *Social communication questionnaire: Manual.* Los Angeles: Western Psychological Services. ［黒田美保・稲田尚子・内山登紀夫 監訳 2013 SCQ 日本語版マニュアル. 金子書房.］

Rutter M., Le Couteur, A., & Lord, C., 2003b *Autism Diagnostic Interview-Revised.* Los Angeles: Western Psychological Services. ［土屋賢治・黒田美保・稲田尚子 監修 2013 ADI-R 日本語版マニュアル. 金子書房.］

Schopler, E., Reicheler, R. J., & Renner, B. R. 1986 *Childhood Autism Rating Scale.* Irvington Publishers. ［佐々木正美 監訳 1989 CARS: 小児自閉症評定尺度. 岩崎学術出版社.］

Schopler, E., Van Bourgondien, M., Wellman J., & Love, S. 2010 *Childhood autism rating scale, Second edition (CARS2): Manual.* Los Angeles: Western Psychological Services.

Sheehan, D. V., Lecrubier, Y., Sheehan, K. H., Amorim, P., Janavs, J., Weiller, E., Hergueta, T., Baker, R., & Dunbar, G. C. 1998 The Mini-International Neuropsychiatric Interview (M.I.N.I.): The development and validation of a structured diagnostic psychiatric interview for DSM-IV and ICD-10. *Journal of Clinical Psychiatry*, 59, supple 20, 22-33; quiz 34-57.

Sparrow, S. S., Cicchetti, D. V., & Balla, D. A. 2005 *Vineland Adaptive Behavior Scales, Second Edition.* Minneapolis: Pearson. ［辻井正次・村上隆 日本版監修，黒田美保・伊藤大幸・萩原拓・染木史緒 日本版作成 2014 Vineland-Ⅱ適応行動尺度日本版. 日本文化科学社.］

Takei, R., Matsuo, J., Takahashi, H., Uchiyama, T., Kunugi, H., & Kamio, Y. 2014 ［Verification of the utility of the social responsiveness scale for adults in non-clinical and clinical adult populations in Japan. *BMC Psychiatry*, 14, 392. doi:10.1186/s12888-014-0302-z

特異的発達障害の臨床診断と治療指針作成に関する研究チーム 編（編集代表 稲垣真澄） 2010 特異的発達障害 診断・治療のための実践ガイドライン：わかりやすい診断手順と支援の実際. 診断と治療社.

土屋賢治・服巻智子・和久田学・新村千江・首藤勝行・大須賀優子…片山泰一 2015 GazeFinder（Ka-o-TV）を用いた自閉スペクトラム症の早期診断指標の開発：1歳6カ月乳幼児健診における活用に向けて. 脳 21, 18, 45-55.

上野一彦・名越斉子・小貫悟 2008 PVT-R 絵画語い発達検査. 日本文化科学社.

上野一彦・篁倫子・海津亜希子 2005 LDI-R: LD 判断のための調査票. 日本文化科学社.

宇野彰 監修, 春原則子・金子真人 著 2002 標準抽象語理解力検査（SCTAW）. インテルナ出版.

宇野彰・春原則子・金子真人ほか 2006 小学生の読み書きスクリーニング検査（STRAW）. インテルナ出版.

宇野彰・春原則子・金子真人ほか 2016 改訂版 標準読み書きスクリーニング検査（STRAW-R）. インテルナ出版.

Wakabayashi, A., Baron-Cohen, S., Uchiyama, T., Yoshida, Y., Tojo, Y., Kuroda, M., & Wheelwright, S. 2007 The autism-spectrum quotient（AQ）children's version in Japan: A cross-cultural comparison. *Journal of Autism and Developmental Disorders*, 37, 491-500. doi:10.1007/s10803-006-0181-3

Wakabayashi, A., Baron-Cohen, S., Wheelwright, S., & Tojo, Y. 2006 The Autism-Spectrum Quotient（AQ）in Japan: A cross-cultural comparison. *Journal of Autism and Developmental Disorders*, 36, 263-270. doi:10.1007/s10803-005-0061-2

Wilson, B. N., Crawford, S. G., Green, D., Roberts, G., Aylott, A., & Kaplan, B. J. 2009 Psychometric properties of the revised Developmental Coordination Disorder Questionnaire. *Physical and Occupational Therapy in Pediatrics*, 29, 182-202.

Wing, L., Leekam, S. R., Libby, S. J., Gould, J., & Larcombe, M. 2002 The diagnostic interview for social and communication disorders: Background, inter-rater reliability and clinical use. *Journal of Child Psychology and Psychiatry*, 43, 37-325.

第3章

アスペ・エルデの会 2016 楽しい子育てのための ペアレント・プログラムマニュアル. アスペ・エルデの会.

Attwood, T. 2004 *Exploring feeling: Cognitive Behavior Therapy to manage anxiety.* Arlington: Future Horizons Inc.［辻井正次 監訳 2008 アトウッド博士の〈感情を見つけに行こう〉：不安のコントロール. 明石書店.］

Attwood, T., Callesen, K., & Nielsen, A. 2009 *The Cognitive Affective Training-kit（The CAT-kit）.* Arlington: Future Horizons Inc.［トニー・アトウッド 開発 2010 The Cognitive

Affective Training-kit (The CAT-kit) 感情認識トレーニング. フロム・ア・ヴィレッジ.]

Goods, K. S., Ishijima, E., Chang, Y., & Kasari, C. 2013 Preschool based JASPER intervention in minimally verbal children with autism: pilot RCT. *Journal of Autism and Developmental Disorders*, 43(5), 1050-1056.

発達障害支援のための評価研究会 2013 PARS-TR（親面接式自閉スペクトラム症評定尺度 テキスト改訂版）. スペクトラム出版（2018年4月25日より, 金子書房）.

上林靖子 2009a 発達障害の子の育て方がわかる！ペアレント・トレーニング. 講談社.

上林靖子監修 2009b 発達障害のペアレント・トレーニング実践マニュアル. 中央法規.

Kasari, C., Gulsrud, A., Paparella, T., Hellemann, G., & Berry, K. 2015 Randomized comparative efficacy study of parent-mediated interventions for toddlers with autism. *Journal of Consulting and Clinical Psychology*, 83(3), 554-563.

Kasari, C., Gulsrud, A. C., Wong, C., Kwon, S., & Locke, J. 2010 Randomized controlled caregiver mediated joint engagement intervention for toddlers with autism. *Journal of Autism and Developmental Disorders*,40, 1045-1056.

Kasari, C., Kaiser, A., Goods, K., Nietfeld, J., Mathy, P., Landa, R., Murphy, S., & Almirall, D. 2014 Communication interventions for minimally verbal children with autism: Sequential multiple assignment randomized trail. *Journal of the American Academy of Child and Adolescent Psychiatry*, 53(6), 635-646.

Koegel, R. L. & Koegel, L. K. 2006 *Pivotal Response Treatment for autism: Communication, social, & academic development*. Baltimore: Paul H Brookes Publishing Co.

Kuroda, M., Kawakubo, Y., Kuwabara, H., Yokoyama, K., Kano, Y., & Kamio, Y. 2013 A cognitive-behavioral intervention for emotion regulation in adults with high-functioning autism spectrum disorders: Study protocol for a randomized controlled trial. *Trials*, 14, 231. DOI: 10.1186/1745-6215-14-231.

Lai, M. C., Lombardo, M. V., & Baron-Cohen, S. 2014 Autism. *Lancet*, 383, 896–910.

McGee, G. G., Morrier, M. J., & Daly, T. 1999 An incidental teaching approach to early intervention for toddlers with autism. *Research & Practice for Persons with Severe Disabilities*, 24(3), 133-146.

大野裕 2010 認知療法・認知行動療法治療者用マニュアルガイド. 星和書店.

Reaven, J., Blakeley-Smith, A., Nichols, S., & Hepburn, S. 2011 *Facing your fear*. Baltimore: Paul H. Brookes Publishing Co.

Rogers, S. J. & Dawson, G. 2009 *Early Start Denver Model for young children with autism: Promoting language, learning and engagement*. NY: Guilford Press.

Rutter M., Le Couteur, A., & Lord, C., 2003 *Autism Diagnostic Interview-Revised*. Los Angeles: Western Psychological Services. [土屋賢治・黒田美保・稲田尚子 監修 2013 ADI-R日本語版マニュアル. 金子書房.]

Schopler, E., Lansing, M. D., Reichler, R. J., & Marcus, L. M. 2005 *Psychoeducational Profile: Third Edition (PEP-3)*. Austin: PRO-ED. [茨木俊夫 監訳 2007 PEP-3 自閉児・発達障

害児教育診断検査（三訂版）．川島書店．]

Shire, S. Y., Chang, Y. C., Shin, W., Bracaglia, S., Kodjoe, M., & Kasari, C. 2017 Hybrid implementation model of community-partnered early intervention for toddlers with autism: A randomized trial. *Journal of Child Psychology and Psychiatry*, 58(5), 612-622.

Shire, S. Y., Gulsrud, A., & Kasari, C. 2016 Increasing responsive parent-child interactions and joint engagement: Comparing the influence of parent-mediated intervention and parent psychoeducation. *Journal of Autism and Developmental Disorders*, 46(5), 1737-47. doi: 10.1007/s10803-016-2702-z.

Sofronoff, K., Attwood, T., & Hinton, S. 2005 A randomized controlled trial of a CBT intervention for anxiety in children with Asperger syndrome. *Journal of Child Psychological Psychiatry*, 46 (11), 1152-1160.

Sofronoff, K., Attwood, T., Hinton, S., & Levin, I. 2007 A randomized controlled trial of a cognitive behavioural intervention for anger management in children diagnosed with Asperger syndrome. *Journal of Autism and Developmental Disorders*, 37(7), 1203-1214.

Sparrow, S. S., Cicchetti, D. V., & Balla, D. A. 2005 *Vineland Adaptive Behavior Scales, Second Edition*. Minneapolis: Pearson. [辻井正次・村上隆 日本版監修，黒田美保・伊藤大幸・萩原拓・染木史緒 日本版作成 2014 Vineland-Ⅱ適応行動尺度日本版．日本文化科学社．]

Sukhodolsky, D. G., Bloch, M. H., Panza, K. E., & Reichow, B. 2013 Cognitive-behavioral therapy for anxiety in children with high-functioning autism: A meta-analysis. *Pediatrics*, 132 (5):e1341-1350.

辻井正次 監修，アスペ・エルデの会 編集，明翫光宜・飯田愛・小倉正義 著 2018 発達障害の子の気持ちのコントロール（6歳児から使えるワークブック）．合同出版．

Watanabe, T., Kuroda, M., Kuwabara, H., Aoki, Y., Iwashiro, N., Natsubori, T., Takao,,H., Yasumasa, N., Kawakubo, Y., Kunimatsu, A., Kasai, K., & Yamasue, H. 2015 Clinical and neural effects of six-week administration of oxytocin on core symptoms of autism. *Brain*, 138, 3400-3412.

White, S. W., Ollendick, T., Albano, A. M., et al. 2013 Randomized controlled trial: Multimodal anxiety and social skill intervention for adolescents with autism spectrum disorder. *Journal of Autism and Developmental Disorders*, 43(2), 382-394.

White, S. W., Ollendick, T., Scahill, L., Oswald, D., & Albano, A. M. 2009 Preliminary efficacy of a cognitive-behavioral treatment program for anxious youth with autism spectrum disorders. *Journal of Autism and Developmental Disorders*, 39(12),1652-1662.

Whitham, C. 1991 *Win the whining war & other skirmishes: A family peace plan*. London: Perspective Publishing, Inc. [上林靖子ほか 訳 2002 読んで学べる ADHD のペアレントトレーニング：むずかしい子にやさしい子育て．明石書店．]

Williams, D. 2010 Theory of own mind in autism: Evidence of a specific deficit in self-awareness? *Autism*,14(5), 474-494.

Winner, M. G. 2011 *Thinking about you thinking about me international edition*. San Jose: Think

Social Publishing, Inc.〔稲田尚子・黒田美保 監訳，古賀祥子 訳　2018　ソーシャルシンキング：社会性とコミュニケーションに問題を抱える人への対人認知と視点どりの支援．金子書房.〕

Wood, J. J., Drahota, A., Sze, K., Har, K., Chiu, A., & Langer, D. A.　2009　Cognitive behavioral therapy for anxiety in children with autism spectrum disorders: A randomized, controlled trial. *Journal of Child Psychological Psychiatry*, 50(3), 224-234.

> さらに
> 詳しく学びたい
> 人のための

発達障害関連ブックガイド

発達障害に関する知識を深め，支援に役立つ，公認心理師のための参考図書を紹介します！

●診断・医学●

📖 『DSM-5 精神疾患の診断・統計マニュアル』 American Psychiatric Association（著），日本精神神経学会（日本語版用語監修），高橋三郎・大野裕（監訳）．医学書院． ★★

📖 『子ども・大人の発達障害診療ハンドブック』 内山登紀夫（編集），宇野洋太・蜂矢百合子（編集協力）．中山書店． ★★

📖 『ICF（国際生活機能分類）活用の試み』 独立行政法人 国立特殊教育総合研究所・世界保健機構（編著）．ジアース教育新社． ☆

📖 『カンデル神経科学』 Eric R. Kandel, James H. Schwartz, Thomas M. Jessell, Steven A. Siegelbaum, & A. J. Hudspeth（著），金澤一郎・宮下保司（日本語版監修）．メディカル・サイエンス・インターナショナル． ☆

●アセスメント●

📖 『これからの発達障害のアセスメント：支援の一歩となるために』（ハンディシリーズ 発達障害支援・特別支援教育ナビ） 黒田美保（編著）．金子書房． ★★★

📖 『発達障害児者支援とアセスメントのガイドライン』 辻井正次（監修），明翫光宜（編集代表），松本かおり・染木史緒・伊藤大幸（編集）．金子書房． ★★★

📖 『臨床心理学』91（第16巻第1号：特集 発達障害のアセスメント）下山晴彦・黒田美保（編）．金剛出版． ★★

📖 『臨床心理学』92（第16巻第2号：特集 発達支援のアセスメント）下山晴彦・黒田美保（編）．金剛出版． ★★

★★★	必読・必携！
★★	臨床に活かせる
☆	専門性を高めたい

●療育・心理的支援●

📖 『アスペハート』45（2017 年 3 月号：特集 事例から学ぶ アセスメントから支援計画まで） 黒田美保（著・編集）．NPO 法人アスペ・エルデの会． ★★★

📖 『自閉症児のための TEACCH ハンドブック』（ヒューマンケアブックス） 佐々木正美（著）．学研． ★★★

📖 『応用行動分析学』 ジョン・O・クーパー，ティモシー・E・ヘロン，ウイリアム・L・ヒューワード（著），中野良顯（訳）．明石書店． ★★★

📖 『知っておきたい発達障害の療育』（乳幼児期における発達障害の理解と支援） 尾崎康子・三宅篤子（編著）．ミネルヴァ書房． ★★

📖 『読んで学べる ADHD のペアレントトレーニング：むずかしい子にやさしい子育て』 シンシア・ウィッタム（著），上林靖子・中田洋二郎・藤井和子・井潤知美・北道子（訳）．明石書店． ★★

📖 『PRT〈Pivotal Response Treatment の理論と実践〉：発達障がい児のための新しい ABA 療育』 ロバート・L・ケーゲル，リン・カーン・ケーゲル（著），小野真・佐久間徹・酒井亮吉（訳）二瓶社． ★★

📖 『自閉症児と絵カードでコミュニケーション：PECS と AAC』 アンディ・ボンディ，ロリ・フロスト（著），園山繁樹・竹内康二（訳）．二瓶社． ★★

📖 『コミック会話：自閉症など発達障害のある子どものためのコミュニケーション支援法』 キャロル・グレイ（著），門眞一郎（訳）．明石書店． ★★

📖 『発達障害児のための SST』 スーザン・ウィリアムス・ホワイト（著），梅永雄二（監訳），黒田美保・諏訪利明・深谷博子・本田輝行（訳）．金剛出版． ★★

さらに詳しく学びたい人のための **発達障害関連ブックガイド**

📖 『成人アスペルガー症候群の認知行動療法』 ヴァレリー・L・ガウス（著），伊藤絵美（監訳），吉村由未・荒井まゆみ（訳）．星和書店．★★

📖 『ワークブック アトウッド博士の〈感情を見つけにいこう〉：1. 怒りのコントロール／2. 不安のコントロール』トニー・アトウッド（著），辻井正次（監訳），東海明子（訳）．明石書店． ★★

📖 『ソーシャルシンキング：社会性とコミュニケーションに問題を抱える人への対人認知と視点どりの支援』 ミシェル・ガルシア・ウィナー（著），稲田尚子・黒田美保（監訳），古賀祥子（訳）．金子書房．★★

📖 『ソーシャルストーリー・ブック 入門・文例集【改訂版】』 キャロル・グレイ（編著），服巻智子（監訳），大阪自閉症研究会（編訳）．クリエイツかもがわ． ★★

●心理検査マニュアル●

＊購入に際しては一定の要件を満たす必要がある場合があります

ASD

📖 『ADOS-2 日本語版マニュアル』 C. Lord, M. Rutter, P. C. DiLavore, S. Risi, K. Gotham, S. L. Bishop, R. J. Luyster, & W. Guthrie（著），黒田美保・稲田尚子（監修・監訳）．金子書房．

📖 『ADI-R 日本語版マニュアル』 Ann Le Couteur, Catherine Lord, & Michael Rutter（著），土屋賢治・黒田美保・稲田尚子（監修），ADI-R 日本語版研究会（監訳）．金子書房．

📖 『SCQ 日本語版マニュアル』 Michael Rutter, Anthony Bailey, Sibel Kazak Berument, Catherine Lord, & Andrew Pickles（著），黒田美保・稲田尚子・内山登紀夫（監訳）．金子書房．

★★★	必読・必携！
★★	臨床に活かせる
☆	専門性を高めたい

ADHD

📖 『診断・対応のための ADHD 評価スケール：ADHD-RS【DSM 準拠】：チェックリスト，標準値とその臨床的解釈』 ジョージ・J. デュポール，トーマス・J. パワー，アーサー・D. アナストポウロス，ロバート・リード（著），市川宏伸・田中康雄（監修），坂本律（訳），明石書店.

📖 『Conners 3 日本語版マニュアル』 C. Keith Conners（著），田中康雄（監訳），坂本律（訳）. 金子書房.

📖 『CAADID 日本語版マニュアル』 Jeff Epstein, Diane E. Johnson, & C. Keith Conners（著），中村和彦（監修），染木史緒・大西将史（監訳）. 金子書房.

📖 『CAARS 日本語版マニュアル』 C. Keith Conners, Drew Erhardt, & Elizabeth Sparrow（著），中村和彦（監修），染木史緒・大西将史（監訳）. 金子書房.

SLD

📖 『LDI-R：LD 判断のための調査票 手引』 上野一彦・篁倫子・海津亜希子（著）. 日本文化科学社.

📖 『STRAW-R 改訂版 標準読み書きスクリーニング検査：正確性と流暢性の評価』 宇野彰・春原則子・金子真人・Taeko N. Wydell（著）. インテルナ出版.

📖 『小学生の読み書きの理解 URAWSS 手引き』 河野俊寛・平林ルミ・中邑賢龍（著）. atacLab.

📖 『SCTAW 標準抽出語理解力検査』 宇野彰（監修），春原則子・金子真人（著）. インテルナ出版.

📖 『PVT-R 絵画語い発達検査』 上野一彦・名越斉子・小貫悟（著）. 日本文化科学社.

適応行動

📖 『Vineland-II 適応行動尺度 日本版マニュアル』 Sara S. Sparrow, Domenic V. Cicchetti, & David A. Balla（著），辻井正次・村上隆（監修），黒田美保・伊藤大幸・萩原拓・染木史緒（作成）. 日本文化科学社.

あとがき

　まえがきにも書いたように，本書は，発達障害の最新の基本知識を身につけていただくことを目的にしています。したがって，本書の対象は，発達障害を専門にされている心理士ではなく，今まで発達障害を学んでこなかった，臨床でもそうした障害のある方々にほとんど会っていない心理士や，学生で心理学を学んでいる最中の方ということになります。しかし，そうした方も，今後，発達障害のある方々に会い，心理的援助をする可能性はとても高いのです。また，気づいていないだけで，心理的悩みや精神疾患の背後に，発達障害の特性がある方に会っていたかもしれません。この本を読んで，発達障害に興味をもっていただいたり，ご自分の臨床を振りかえったりするきっかけになればと思います。公認心理師という国家資格ができたということは，本書で紹介したような発達障害にも，心理学的な対応をすることが期待されているということでしょう。これに応える一助になればと思います。

　本書は，公認心理師の第1号が生まれるタイミングに合わせて，刊行を急ぎました。コンパクトな本ながら，包括的な基本知識の習得を目指しました。また，単なる知識だけではない，アセスメントや支援の重要性についての，私なりの考えも述べさせていただきました。発達障害が専門でない方も，本書を読み，アセスメントや支援の意味について考え，日々の臨床の中で活かしていただければ幸いです。

　この本の刊行にあたり，下記の方々に御礼を述べたいと思います（所属は刊行時のもの）。忙しい中，本文を読み，助言をいただいた稲田尚子氏（帝京大学），井澗知美氏（大正大学），萩原拓氏（北海道教育大学旭川校），佐々木康栄氏（よこはま発達相談室），小川知子氏（東京大学医学部附属病院），須藤幸恵氏（BRIDGE こころの発達研究所），草川弓氏（成城大学バリアフリー支援室），心理士としてだけでなく読者の一人としての意見もくれた，教え子の森裕幸君（社会福祉法人県央福祉会）。私のペースを尊重しつつも，公認心理師やそれを目指

す方々に読んでいただけるよう急ピッチで本を仕上げてくださった金子書房の担当・天満綾氏。天満氏には，文章の細かい点や文献まで見ていただき，深謝に堪えません。

　最後に，本書のカバーイラストについて，ご説明させていただければと思います。カバーイラストは，次男のグラフィック・デザイナー黒田圭介によるものです。彼が大学の卒業作品として作成した立体の花標（はなしるべ：花が人生の道しるべになっていくというテーマの作品）を二次元に描き替えてもらいました。表紙のさまざまな色の花は，発達障害に関する多くの知識，アセスメント法，そして支援法を示しています。そして，本書をしめくくる裏表紙に描かれた１つの花には，それらが統合され臨床に役立っていくという意味を込めています。本書がそのように，皆様のお役に立てば幸いです。

2018 年 7 月

黒田 美保

著者紹介

黒田美保（くろだ　みほ）

帝京大学大学院文学研究科臨床心理学専攻教授／北海道大学大学院，浜松医科大学，昭和大学客員教授。東京大学大学院医学系研究科博士課程修了。博士（医学）・博士（学術）。公認心理師・臨床心理士・臨床発達心理士。東京都大田区公務員，よこはま発達クリニックを経て，2005年〜2006年ロータリー財団奨学金によりノースカロライナ大学医学部TEACCH部門に留学。帰国後，2007年より国立精神・神経医療研究センター研究員，福島大学教授などを経て，2020年4月より現職。日本公認心理師協会常務理事，日本発達障害者ネットワーク理事，日本スクールカウンセリング推進協議会理事，東京都特別支援教育推進委員会委員など。主な著訳書は，『これからの現場で役立つ臨床心理検査』【解説編】【事例編】（共編著，2023），『ソーシャルシンキング』（共監訳，2018），『ADOS-2日本語版』（共監修，2015），『これからの発達障害のアセスメント』（編著，2015），『ADI-R日本語版』（共監修，2013），『SCQ日本語版』（共監訳，2013）（以上，金子書房），『自閉症スペクトラムのアセスメント必携マニュアル』（共監訳，2014，東京書籍），『日本版Vineland-II適応行動尺度』（共著，2014，日本文化科学社），『自閉症：ありのままに生きる』（共監訳，2015，星和書店）など多数。

公認心理師のための発達障害入門

2018年9月13日　初版第1刷発行　　　　　　〔検印省略〕
2023年3月31日　初版第4刷発行

著　者　黒田美保
発行者　金子紀子
発行所　株式会社金子書房
　　　　〒112-0012　東京都文京区大塚3−3−7
　　　　TEL 03（3941）0111（代）
　　　　FAX 03（3941）0163
　　　　振替 00180-9-103376
　　　　https://www.kanekoshobo.co.jp

装画　黒田圭介

組版　有限会社閏月社
印刷　藤原印刷株式会社　　製本　一色製本株式会社

©Miho Kuroda, 2018
Printed in Japan
ISBN 978-4-7608-2420-5　C3011